ふるさと再発見の旅 東北

清永安雄 撮影

産業編集センター

ふるさと再発見の旅　東北

青森

岩手

秋田

宮城

山形

福島

青森

佐井村《さいむら》（下北郡佐井村）

「日本で最も小さくかわいい漁村」をめざす下北最西端の村

下北半島はまさかりの形によく似ているといわれる。そのまさかりの、正に「刃」の部分にあたる細長い地域が、佐井村である。下北の西の最果て、津軽海峡に沿って南北におよそ四十二キロに及ぶ長い海岸線を持つこの村には、九つの集落と七つの港があり、人口は約千九百人。平坦地は非常に少なく、面積のほとんどが山地と山岳地帯だ。

人々は昔から、山が海岸にまで迫る狭い港にへばりつくような小さな漁師小屋を建て、小屋の中で漁船に乗り込み、そのまま海に出るという漁を続けてきた。今も海側の通りには、板囲いの素朴な漁師小屋がズラリと建ち並ぶ。

そんな小さな漁村だが、佐井村には、巨大な奇岩怪石で知られる国指定の名勝「仏ヶ浦」があり、全国から多くの観光客が訪れる。また、江戸時代から蝦夷地渡航の港に定められ、北前船の往来により繁栄を極めた華やかな歴史を持つ。北前船が佐井の港から積み込んでいたのは、ヒバ材と鮑・昆布・イワシなどの海産物で、それらと引き換えに多くの上方文化が村にもたらされた。

その一つが、全国でも珍しい「漁村歌舞伎」だ。明治時代に歌舞伎役者の中村菊五郎が地元の漁師たちに教えたのが始まりで、以前は村内の各地で演じられていたが、現在は福浦地区にのみ残っている。代々一家族一役を担当する、セリフが地元の方言で語られる、など他では見られないユニークな伝統芸能である（残念ながら新型コロナの影響でこの三年間は開催されていない）。

もう一つ、佐井村は青森県でも有数のウニの産地でもある。漁が解禁となる四月から八月までの村のウニ水揚げ高は毎年一億円にのぼるという。この時期に村を訪れると、道の駅やドライブイン、食堂などで、安くて最高に美味しいウニ丼が食べられる。

そんな佐井村が目下めざしているのは、二〇三〇年の村の姿を「日本で最も小さくかわいい漁村」にすることだそうだ。その実現に向けて現在プロジェクトチームが結成され、さまざまなアクションプランに取り組んでいくという。探せばいろんな魅力がまだ眠っていそうな佐井村だけに、何が生まれるのか、楽しみなプロジェクトである。

幸 丸

板張りの素朴な漁師小屋

佐井の町並み

大自然が作り上げた奇岩の芸術、仏ヶ浦。数百万年という長い年月をかけて、隆起した緑色凝灰岩が海流や風雨の影響で少しずつ侵食されたもの

津軽海峡文化館アルサス
住所：下北郡佐井村大字佐井字大佐井112番地
電話：0175-38-4513
営業時間：8:30〜17:30
定休：無休（売店は11/1〜4/20まで休業）

★佐井村への行き方
東北縦貫自動車道七戸ICより車で約150分

おすすめランチ

●大漁丼

大きな窓から津軽海峡を眺めつつ、地元の新鮮な魚介を楽しむことができるお店、まんじゅうや。新名物の真こんぶラーメン、カツ丼や唐揚げ定食などメニューは豊富だが、一番人気はやはり海の幸たっぷりの「大漁丼」。内容は季節や漁によって変わるのでいろんな味が楽しめる。

「食事処 まんじゅうや」
佐井村大佐井112 アルサス2階

おこもり

下北半島の冬の風物詩である「おこもり」は、牛滝地区で百数十年前から続く伝統行事。住民たちが神社に集まり、大声を上げながらご飯や汁を食べ続ける奇習である。由来ははっきりしないが、その昔、男性たちが大漁祈願のため籠っていた際、女性たちが食べ物を運んだのが起源だといわれている。

参加者にお神酒とお膳が配られ準備が整うと、合図とともに皆が一斉に飯を食べ始める。献立はお米、すまし汁、ぜんまい、たくあんの四品。猛烈な勢いでお椀を箸でたたきながら「めしー！」「しるー！」と叫びつつ食べ、給仕役は「くえー！」「のめー！」と応じながらおかわりを出していく。なんともユニークで、後世に伝えて行きたい行事である。

開催時期 毎年12月15日、1月15日
開催場所 佐井村長後牛滝地区
写真提供：佐井村役場

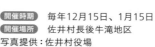

名画名作の舞台を訪ねて

『飢《き》餓《が》海《かい》峡《きょう》』（佐井村／むつ市）

小説　水上勉著・一九六三年
映画　内田吐夢監督・一九六五年

登場人物たちの悲哀に満ちた人生を描いた日本映画の金字塔

『飢餓海峡』は水上勉の代表的推理小説。一九六二年一月から十二月にかけて週刊朝日に連載され、六三年に朝日新聞社で刊行された。

戦後の混乱のさなかに発生した北海道での強盗殺人事件と、青函連絡船の遭難事故をめぐり、十年の歳月をかけて困難な捜査を続ける刑事たちと、逃走する犯人や彼に関わる人々の悲哀に満ちた人生を描いている。

この作品を一九六五年、東映が内田吐夢監督で映画化。主人公の樽見を三國連太郎、逃亡中に知り合う女性・八重を左幸子、彼を追う弓坂刑事を伴淳三郎という、芸達者な俳優たちが演じた。

だが完成時、一九二分という長さだったため、会社側はカットを決定。内田監督はこれに対し「短縮するなら自分の名前を外せ」と猛反発。最終的に双方が歩み寄り、一八三分の修復版に落ち着いたが、このことがきっかけで内田監督は東映を退社するという事態になった。

そんないわく付きの映画だが、作品としての完成度は非常に高く、数々の映画賞を受賞。『砂の器』と並んで日本映画の傑作とされる。

弓坂刑事が歩いた川内の町は、今では撮影当時の面影はほとんどない。だが、弓坂を演じた伴淳三郎が撮影の時泊まった旅館「川内館」が今も営業している。

樽見は森林鉄道で八重と出会い、川内で別れる。その後、八重は夕刻に大湊駅に着いた――大湊線の終着駅・大湊駅。撮影時と比べると外観が少し変化しているが、建物と内部は当時のままである

名勝仏ヶ浦。犯人たちは函館から船を漕ぎ出し、まず最初に下北半島の仏ヶ浦に辿り着く。映画では、仏ヶ浦の奇岩の一部で、彼らが体を休め、乗ってきた小舟を燃やす場面がある

写真提供：佐井村役場

稲《いな》垣《がき》（つがる市稲垣町）

「カッチョ」に囲まれた、田んぼに点在する茅葺き民家

稲垣町は津軽半島の南部、津軽平野のほぼ真ん中にある。二〇〇五年二月までは西津軽郡稲垣村という独立した村だったが、つがる市の発足で新設合併された。江戸時代の初めまでは殆ど未開の地だったが、七世紀後半に始まった津軽藩の新田開発政策により人の住む村になった。

つまり、こういう話である。

——この新田開発のメイン事業は、海岸線の砂防事業だった。この一帯は海岸低層湿原で水害や塩害を受けやすく、日本海からの強風や飛砂が凄まじかったため、これを防ぐ方法として、沿岸の丘陵地帯に黒松や杉、柏などの植林を開始したのだ。そして植付け本数八十六万二千本、約百年の歳月をかけて防風林を完成させた。

この防風林の完成により、不毛といわれたこの土地で、新田開発が積極的に行われるようになったのである——。

そんなわけで、ここ稲垣は近世の干拓で生まれた稲作地帯、四方はすべて田んぼである。水田面積は町の全面積の七十三%を占める。

町に入ると、田んぼを分つ直線道路に沿ってポツポツと茅葺き民家が目立つようになる。それも、よくあるトタン葺き屋根や壊れかかった家は殆どなく、どれもよく手入れされ、威風堂々とした立派な家が多い。なかなかの存在感である。

東北地方の山間部にはまだ茅葺き民家は残っているが、こんな平地にこれだけの数が点在しているケースは珍しい。茅葺きの多い津軽でも、稲垣の現存数はおそらく一、二位を争うのではないかと思う。

それからもう一つ、この地域の特徴的風景がある。

家の敷地の西側を、板を立てて作った柵で囲んでいる家が多いことだ。これは、板や流木などで柵を作り、日本海からの風を防ぐ防風柵で「カッチョ」と呼ばれる。

カッチョはその素朴で古風な形と用途のせいだろうか、圧倒的に茅葺きの家によく似合う。のどかな田園風景にはあまり似つかわしくないカッチョだが、歩いていてカッチョの向こうにサムライのチョンマゲのような茅葺き屋根のてっぺんが見えてくると、思わず「おぉーっ！」と声が出る。近づくと次第に茅葺き民家の全容が姿を現し、まるで時代劇の舞台のような世界が広がる。カッチョは風だけでなく現実の背景も隠してしまうのだ。

いつまでも、残していて欲しい風景のひとつである。

立派な門を持つ茅葺き農家

カッチョには茅葺がよく似合う

旧小野家住宅

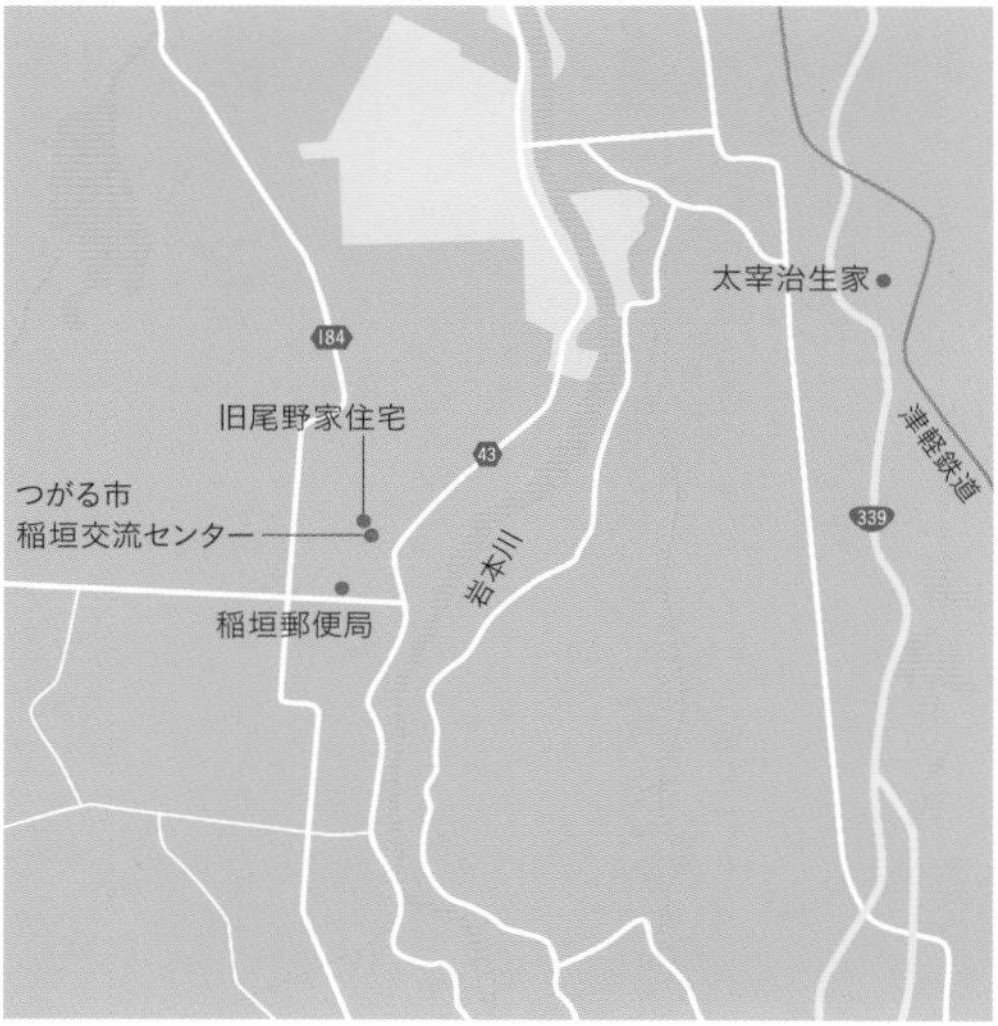

★稲垣への行き方
津軽自動車道五所川原北ICより車で約15分
JR五所川原駅より車で約20分

著名人の生家を訪ねて

太宰治生家
地元の名士である父が建てた部屋数十九室の大豪邸

太宰治は明治四十二年、北津軽郡金木村（現・五所川原市金木町）に、大地主で県会議員や衆議院議員などを務めた地元の名士・津島源右衛門の六男として生まれた。本名は津島修治。

県立青森中学に在学中、『校友会誌』に『最後の太閤』を発表したのを皮切りに、同人誌『蜃気楼』を発行し、小説家を志す。弘前高校を卒業後、当時不人気のため無試験入学ができた東大文学部仏文科に入学したが、講義について行けず美学科に転科したりしている。小説家になるために井伏鱒二に弟子入りするが、この頃から芸者や女給などとのもつれた関係や自殺未遂、病気などで私生活が乱れ始める。

だがそんな中でも創作活動への意欲は衰えず、『走れメロス』『津軽』『人間失格』など次々に作品を発表

し、特に没落した華族の女性を主人公にした『斜陽』はベストセラーに。「斜陽族」が流行語となるなど、一躍流行作家となったが、自殺未遂や薬物中毒を繰り返し、昭和二十三年六月、玉川上水で愛人の山崎富栄と入水自殺した。享年三十八歳。

金木町の生家は、父源右衛門が建築した、部屋数十九室、宅地約六百八十坪の大邸宅だが、太宰はこの家があまり好きではなかったようで、「この父はひどく大きい家を建てた。風情も何も無い、ただ大きいのである」と書いている。

この家は戦後津島家が手放し、旅館「斜陽館」として町の観光名所となり、全国からファンが訪れた。だが平成八年に金木町が買い取り、現在は太宰治記念館「斜陽館」として公開されている。

住所　五所川原市金木町朝日山412－1
入館料　一般600円、高大学生400円、小中学生250円
入館時間　9時～17時半（冬季は17時）
休館日　12月29日

おすすめランチ

●ナポリタンスパゲティー

「斜陽館」からほど近い場所にある老舗喫茶、驢馬。店内は壁一面に漫画本が置かれ、ゆっくりコーヒーを楽しむ店かと思いきや、デカ盛りカツカレーや煮干しラーメンなど、メニューが豊富でどれも本格的。洋食も充実していて、喫茶店の定番ナポリタンは懐かしい一皿だ。

「驢馬」
五所川原市金木町菅原83-17

大鰐《おおわに》温泉（南津軽郡大鰐町大鰐）

津軽の南端、八百年の歴史を誇るレトロな温泉街

弘前駅から車で約三十分、津軽地方の南端に、三方を山に囲まれて約一万人が暮らす町、大鰐町がある。大鰐という ちょっと変わった地名の由来はいくつかあるが、最も有力なのは、大昔、ここに大きな阿弥陀如来像《あみだにょらい》があったことから「大阿弥陀《おおあみだ》」と呼ばれていたのが、だんだん「大阿弥《おおあみ》」から「おおあに」と変化し、やがて鰐が仏教の守護神であることから「大鰐」になったという説だ。

大鰐温泉の起源は八百年以上前といわれる。当時東国を行脚していた僧・円智上人が、大鰐で寺院を建立していた最中、病に倒れた。ある日、夢に一人の童子が現れて「この地に温泉あり。土用丑の日に沐浴すべし」と告げて消えた。その言葉に従ったところ、たちまち病が快復したという。そんな言い伝えから、江戸時代、弘前藩の殿様をはじめ津軽の人々の療養の場として広く利用された。

さらに明治二十八年に奥羽本線の陸奥大鰐停車場（現大鰐温泉駅）が開通したことか

ら、遠方から多くの湯治客が訪れるようになった。温泉のある別荘地としても人気になり、当時の津軽の財閥たちは、先を争って大鰐に別荘を建てたという。

明治から大正の大鰐は町に人があふれ、人力車がひっきりなしに往来していたらしい。花街もでき、割烹や商店が建ち並び、花街の芸者さんたちを相手にした髪結どころが何軒もできた。その名残で、大鰐には今も美容院が多いという。

温泉街は、JR奥羽本線の大鰐温泉駅から大鰐銀座通りを進み、平川にかかる橋を渡ったところから始まり、平川沿いにレトロな雰囲気の街が続く。現在、十軒あまりの宿泊施設と数軒の共同浴場がある。

明治期の津軽には湯治客のための「客舎」という施設があった。「客舎」は内湯がなく安価で長期滞在できる宿のことで、そこに泊まる客のための「共同浴場」がたくさんあった。大鰐温泉にも最盛期には客舎が三十軒以上あったが、次々に廃業し、ほとんどが姿を消した。今回歩いていて見つけたのは、「久七温泉客舎」と「椿の湯玉川客舎」の二軒だけである。と同時に、古き良き共同浴場もかなり減り、現在残っているのは「青柳会館」、「若松会館」、「大湯会館」、「茶臼湯」の四軒だけとのことである。

古い温泉街だけに、宿泊施設も歴史のある温泉旅館が多いが、中でも最も古いのは創業明治五年の「ヤマニ仙遊館」。太宰治が療養のため母と訪れたほか、詩人の大町桂月や小説家の葛西善蔵など、多くの文人に愛された宿として知られる。今も当時のままの部屋が残されており、宿泊することができる。

アストモスガス
仏壇
サトウ

Panasonic
理容
やまざき
48-3386
Panasonic
(有)大幸電設
湯魂石・足湯
理容
駐車場完備

なつかしい雰囲気の温泉街

平川に沿って10軒余りの温泉旅館が建ち並ぶ

ニュー銀水
ホテル

「久七温泉客舎」は体験宿泊が可能

太宰治らも泊まった「ヤマニ仙遊館」。現在も営業している

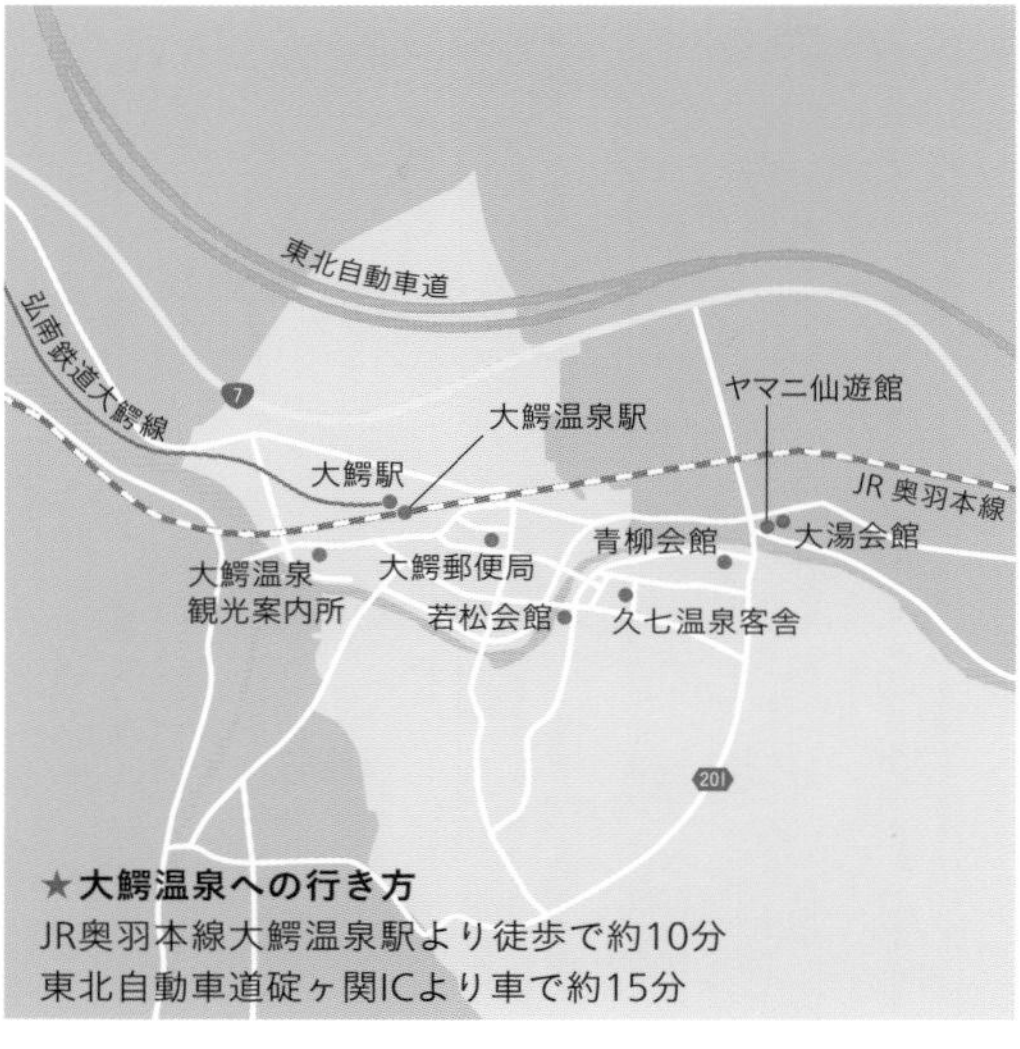

★大鰐温泉への行き方
JR奥羽本線大鰐温泉駅より徒歩で約10分
東北自動車道碇ヶ関ICより車で約15分

大鰐温泉観光案内所
住所：南津軽郡大鰐町大鰐川辺11－11鰐come内
電話：0172-88-6690
営業時間：9:00〜17:00
定休：第3木曜日（繁忙期は営業する場合あり）

わが町自慢の
市場食堂

虹のマート（弘前市大字駅前町）

開業六十五年、弘前市民になくてはならない台所兼食堂

昭和三十一年、弘前駅前にオープンした「虹のマート」は、市内で営業していた事業主三十六人が集まって生まれた。まだスーパーができる前のことで、一カ所でさまざまな買い物ができる「総合店舗」は弘前市では初めての店だった。それから六十五年、弘前市民の台所兼食堂として、なくてはならない存在になっている。

現在のテナント数は約三十軒で、鮮魚、青果、精肉、めん、スイーツ等の食料品のほか、花屋や日用雑貨など、生活必需品はすべて揃う市場だ。また、刺身・焼き魚や煮魚、焼き鳥、ハンバーグなどの各種惣菜に加え、サラダ、チャーハン、炊き込みご飯やおにぎりといったご飯類に和菓子やパンなどのデザートもズラリと並び、各店で好きなものを買って、店内の何カ所か

営業時間
平日8時～18時、日曜定休

に用意されているテーブルで食べることもできる。出来立てのアツアツをすぐその場で食べられるから、文句なく美味しい。

客の大半は地元の人たちで、朝食から夕食まで一日中にぎわっている。だが他では食べられない津軽の郷土料理などもあって、初めて訪れる観光客にとっても、刺激的でワクワクする市場食堂である。

ノスタルジック商店街

土手町商店街（弘前市土手町）

下、中、上、それぞれ個性の違う三つの商店街

土手町は江戸期から始まった町で、弘前市最大の繁華街である。一つの町で一つに繋がった商店街だが、土手町商店街とは言わず、下土手町商店街、中土手町商店街、上土手町商店街の三つに分かれている。

下土手町商店街は大正十二年に宮川呉服店がデパートとして誕生して以来、次々にデパートが林立し、三つの中で最もにぎわう商店街になった。

これに対し、中土手町商店街は古くからの老舗小売店が多い。だが昭和二十五年に「明るい商店街」をキャッチフレーズに、街に鈴蘭灯を点灯してイメージアップ。また昭和三十六年に弘前市で最初のアーケードを設置したことで、デパート街の下土手町に対し「横のデパート」と呼ばれて市民の人気を得、今も多くの客でにぎわっている。

最後の一つ、上土手町は、またガラリと雰囲気が違い、カフェや美容院などの洋風の店舗が軒を並べているが、前記二つの商店街に比べると全体的に地味な印象だ。

このように、三者三様の個性を持った商店街が一つの町に、しかも繋がって存在しているのが土手町の特徴であり、魅力でもある。聞くところによると、三つの商店街はある時期互いにライバル意識を持っていたこともあるらしいが、今はお互いの個性を認め合い、協力し合っているという。

土手町商店街の名店

万《まん》茶《ちゃ》ン

太宰治が足繁く通った喫茶店

万茶ンは昭和四年創業の、東北最古の喫茶店。日本では四番目に古いといわれている歴史ある店だ。下土手町商店街と鍛冶町を結ぶ、通称「かくみ小路」と呼ばれるなつかしい昭和の雰囲気漂う小路の一角にある。創業当時からある年代物のシャンデリアや古めかしいゼンマイ式の掛け時計などが今も置いてあり、この店の長い歴史を物語っている。

「万茶ン」とは、何「万」人のお客様にお「茶」をさしあげて、お客様にも店にも「ン（運）」がつくように、との願いを込めた店名だそうだ。地元の文豪・太宰治が足繁く通ったことは有名で、他に洋画家の阿部合成、作家石坂洋次郎なども通ったという。

珈琲のブレンドも全て特徴があり、戦後、昭和天皇が味わわれたという「スペシャルブレンド弘前」、太宰治たち文人に愛された「太宰ブレンド・昭和の珈琲」など、ここでしか飲めない珈琲に出会うことができる。

現在のマスターは四代目の今川さん。大学時代には相撲部に所属していたという立派な駆体の持ち主で、とてもフレンドリーで話好き。全国から訪れる太宰ファンに、美味しい珈琲を出すだけでなく、いろんな楽しい話をしてくれる人気者のマスターだ。

住所 弘前市土手町36-6
営業時間 10時〜18時
定休日 毎週火曜日

金屋《かなや》（平川市尾上町金屋）

趣向を凝らした立派な農家蔵が、道路沿いに建ち並ぶ町

津軽平野の東南の端にある尾上町金屋地区。尾上の市街地から南東へ二キロほどのところにあるこの集落は、江戸時代まではほんの小さな名もない農村だった。明治後半になって、尾上の人々は本格的にリンゴ栽培を始めた。果樹園を作り、機械化を進め、大正の頃には津軽でも有数のリンゴ産地になった――。ここまでなら、津軽では特に珍しいことではない。

珍しいのは、このことから始まった独特の町並み、道路に沿って農家蔵がズラリと建ち並ぶ農村景観である。蔵は昔から繁栄の象徴とされ、農家はみな敷地に蔵を建てることを目標とし、余裕ができると我先にと蔵を建てた。尾上でも昭和の初め頃、空前の建造ブームが起き、家ごとに土蔵を建て、収穫したリンゴや米を貯蔵した。その数、尾上町全体でおよそ三百棟。そのうち七十八棟がここ金屋地区に集中している。

これらの大半は明治以降昭和中期頃までに建てられた農家所有のもので、四十棟が

国の登録有形文化財に指定されている。

蔵の多い町は日本中にいくつもあるが、ここの蔵の特徴はすべて道路に面して建てられていることだ。蔵は大体、敷地の奥の方に建てることが多いが、ここではまず道路側に土蔵を建て、敷地の奥に主屋を建てる。こうして道路沿いに立派な蔵並みが形成された。

蔵が主役の町並みだけあって、各家が競い合って蔵にさまざまな趣向を凝らしている。例えば蔵の開口部にも独特の造作が見られる。扉や窓枠、観音開きの土戸の内側などに施されている鏝絵《こてえ》は、長寿を表す鶴や亀、火除けの願いを込めた水や波の絵が多い。また、鉢巻（屋根の下の段の部分。多いものでは七段のものもある）もそれぞれデザインが違っていて、その違いを見比べてみるだけでもなかなか楽しい。

蔵並みの主屋はほとんどが近代建築に改築されているが、何軒か茅葺き民家も残っている。そのひとつ、松田家住宅は大規模な茅葺き農家で、屋根裏はせがい造り、屋根の上にはこの地方で「ハッポウ」と呼ばれる煙出しの腰屋根が付いている。

金屋では、毎年一月下旬に「尾上農家蔵物語」というイベントが開催される。これは蔵の保存と文化財的価値のピーアールを兼ねて行われているもので、蔵並みの通りに百五十基あまりの灯籠とろうそくが並べられ、各蔵がライトアップされて幻想的な雰囲気が演出される。ボランティアガイドによる蔵の説明があり、温かい食事などもふるまわれるそうだ。数年前に始まったばかりでまだ知名度が低く、参加者もそう多くはないとのこと。興味のある方はぜひどうぞ。

道路に面して建つ立派な農家蔵

黒と白の土壁が庭の緑に映える

鏝絵は火除けの願いを込めた水や波の絵が多い

弥生が香る津軽の里
お米と蔵の博物館
垂柳猿賀地区　田園空間博物館

扉、窓枠、上戸の内側まで凝ったデザインが施されている

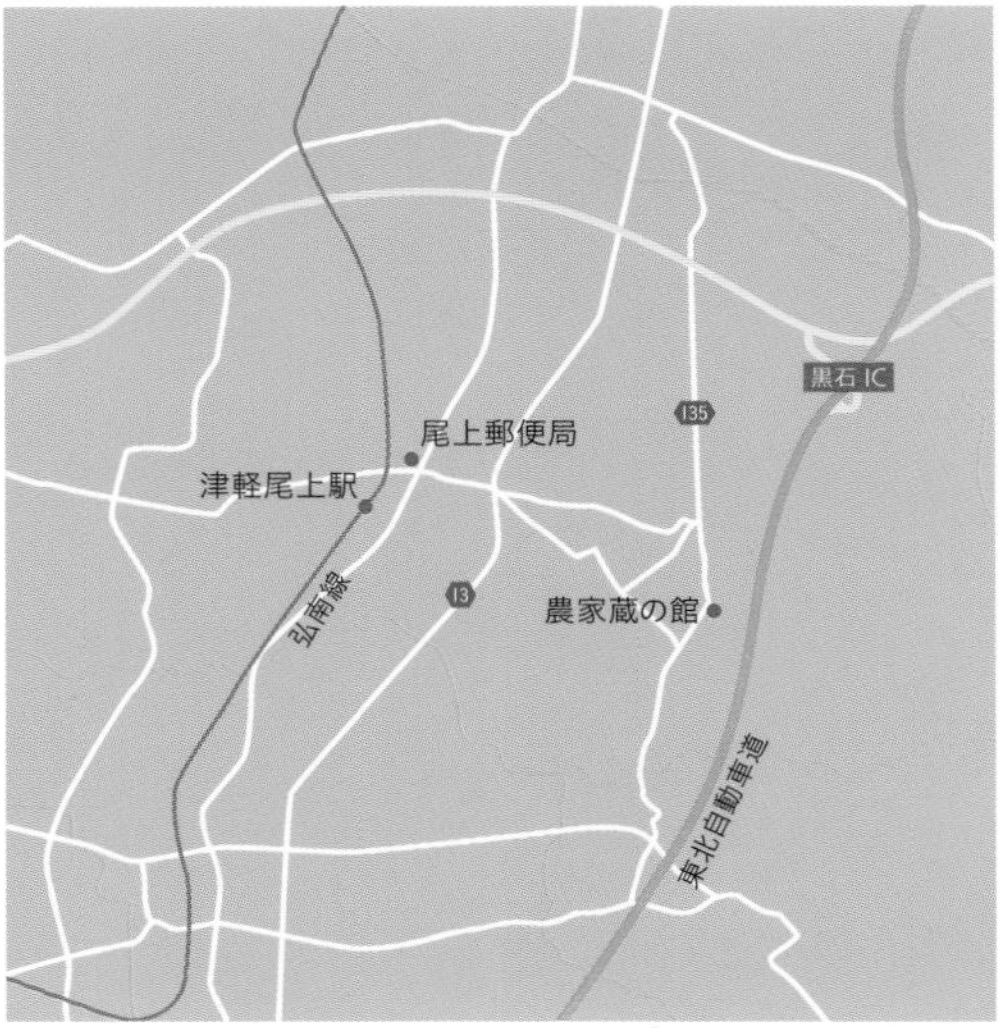

★金屋への行き方
東北自動車道黒石ICより車で約5分
弘南鉄道津軽尾上駅より車で約5分

三戸《さんのへ》（三戸郡三戸町）

「南部氏」と『11ぴきのねこ』と「せんべい」の町

三戸という地は、北奥羽の覇者・南部氏を抜きには語れない。

南部氏は清和源氏の一族で、甲斐国（現在の山梨県）南部郷の出身、建武の新政下で北奥羽奉行となり、北東北へ拠点を移した。一族には三戸南部氏をはじめ八戸氏（根城南部氏）、九戸氏、新田氏などがあり、これらが時により協力し合ったり、あるいは反発したりしながら、主導権を争う小競り合いを繰り返していた。だが戦国時代、群雄割拠の世になると、南部家二十六代当主・信直が豊臣秀吉の元で三戸南部氏を中心に勢力を結集させ、奥州北部を統一した。

三戸町には、その南部宗家の居城となった三戸城の跡があり、今も石垣や堀跡が残っている。また城跡には天守閣を模した「温故館」という歴史資料館が建てられている。

ところで、岩手県と青森県の両県にまたがって残っている一戸から九戸までの地名だが、一体この「戸」とは何なのか。諸説あるようだが、中で最も信頼できるといわれている説をご紹介しよう。

「戸」とは南部氏の軍馬を生産する牧場経営の単位で、まず九つの「戸」に分け、さらにそれらを東西南北の四つのエリアに分けた。これを「門」という。つまり「四門九戸」に分けた制度である。この中で現在「四戸」という地名だけがないが、昔はちゃんとあったそうで、江戸時代にそのほとんどが八戸領に組み込まれたといわれている。

三戸の町は昔も今も三戸地方の商業の中心地である。江戸時代の国道である奥州街道は今も三戸町のメインストリートであり、町の歴史を物語る神社仏閣や古い建物が街道沿いに点在している。町には大正時代の建物や昭和初期からの商店、レトロな看板などが多く見られ、ノスタルジックな雰囲気が漂っている。

また三戸町は漫画家・馬場のぼるの出身地。彼の代表作『11ぴきのねこ』のユーモラスな石像が町の公共施設や公園など十一箇所に設置されている。このねこたちに会いたいなら「道の駅さんのへ」にある「さんのへねこまっぷ」を入手するとよい。

それからもう一つ、三戸でぜひ紹介したいのが「三戸せんべい」。南部せんべいの仲間だが、南部せんべいより薄くてサクサクとした歯応えが特徴。町にはこのせんべいを売る店が六〜七軒あるが、そのほとんどが昔ながらの味と手焼きの伝統技を守り続けている老舗である。この地方特有の料理「せんべい汁」に入れる「かやき」をはじめ、薄味で素朴な食感のものが多いが、懐かしく飽きのこない味で、食べ始めたら止まらなくなる。三戸にお出かけの際にはぜひご賞味いただきたい。

三戸城の天守閣を模した歴史資料館「温故館」

郵便局員のねこ像

役場前でバスを待つねこ像

ポケットパークで空を見上げるねこ像

三戸町役場のお出迎えねこ像

小山田せんべい店

竹林せんべい店

三戸町立歴史民俗資料館
住所：三戸郡三戸町大字梅内字城ノ下34－29
電話：0179-22-2739
営業時間：9:00～16:00
定休：月曜日（祝日の場合は翌日）、12/1～3/31
料金：大人:220円、大学生・高校生110円、小中学生60円
（団体割引あり）

弘前市仲町《なかちょう》（武家町）

昭和53年5月31日選定

弘前は、弘前藩二代藩主の津軽信枚《のぶひら》によって築かれた弘前城の城下町である。当初は城の北側にある亀甲門を大手（表門）としていた。仲町は、この城の正面を守るために配置された侍町の一画。江戸時代からの主屋やその前に広がる坪庭を持つ屋敷の地割が今も往時の面影を残している。さらに門や板塀、生垣が一体となって伝統的な町並みを形成しており、昭和五十三年、秋田の角館に続き東北二番目の重伝建に選定された。それから、伝統的な建造物の修理や電線地中化などの町並み保存が続けられ、現在は武家屋敷など四棟が一般公開されている。

弘前市仲町

重要伝統的建造物群保存地区

黒石市中町《なかまち》（商家町）

平成17年7月22日選定

黒石は、津軽信英《のぶふさ》が弘前藩より分家し、黒石津軽家を興した際につくられた町である。浅瀬石川の北側に陣屋を築き、町を整備していった。以降、青森と弘前をつなぐ交通の要衝として栄えた。重要文化財「高橋家住宅」をはじめ、商家や造り酒屋、蔵が立ち並ぶ町並みは、今もその名残をよくとどめている。黒石の特徴は主屋の前に設置された「こみせ」と呼ばれるアーケードのような庇が連なっていること。かつては黒石の町の広い地域で見られたが、度重なる火災や社会の変化の影響で今は中町の通りに残るだけとなっている。中町の通りは、「日本の道百選」にも選ばれている。

岩手

浄法寺
小袖海女センター
鉈屋町
盛岡市
肴町商店街
宮古市魚菜市場
金ケ崎町
城内諏訪小路
後藤新平旧宅
世田米
大籠

浄《じょう》法《ぼう》寺《じ》（二戸市浄法寺町）

世界へ日本の漆《うるし》文化を発信する漆の里

日本の代表的な工芸品として世界にも知られている漆器。磨かれた木地に漆を何度も塗り重ねることで完成する。漆は、傷をつけた漆の木から滲み出た樹液を集めたものだが、いまの日本では九十八％が輸入で、国産は全体のわずか二％にすぎない。その国産漆の約六割を生産しているのが、二戸市の浄法寺地区である。

漆が生産できれば、当然のことながら漆器生産も可能となる。幸い二戸には木地となる木材も豊富にあり、漆器生産に携わる木地師、塗り師といった職人も数多くいた。豊かな自然と人間の協業によって生まれたのが「浄法寺塗」と呼ばれる漆器だ。

浄法寺には、開山約千二百年の歴史をもつ天台寺という古刹がある。この寺の僧侶が寺の什器をつくったのが浄法寺塗のはじまりといわれている。江戸時代には、この地を代表する産物となり、浄法寺へつながる道は、漆器を買い求める商人や漆職人などが頻繁に行き来するため浄法寺街道と呼ばれていた。

明治、大正、昭和と盛況だった浄法寺塗だが、戦後、生活様式の変化や価格の安い輸入漆の増加にともない、厳しい時代を迎える。だが、浄法寺塗は途絶えなかった。職人たちはもとより、行政や地元の人々も協力しあって浄法寺塗を復活させ、平成七年には浄法寺漆の殿堂ともいえる「滴正舎《てきせいしゃ》」をオープンさせ、浄法寺塗と漆文化を世界へ発信している。

浄法寺のほぼ中心にある浄法寺小学校あたりから安比川《あっぴかわ》を渡り、東西に伸びる旧道を歩いてみる。坂道に沿って何の変哲もない普通の家々が軒を連ねている。その家並みの中に、姉帯《あねたい》菓子店という店があった。らくがんやまんじゅう、くりまんじゅうなどが売られている棚の横に、「浄法寺名物・天台寺駄菓子」というせんべいのようなものがあった。通りを歩きながら、そのせんべいを頬張る。ほんのりとした甘さが口の中にひろがり、パリッと小気味よい音が耳もとに響く。古くは天台寺の門前町として、あるいは漆器の一大生産地として隆盛を誇った浄法寺だが、いまは、その面影もなく、静かな時間がゆっくりと流れている。

「浄法寺名物・天台寺駄菓子」を売っている姉帯菓子店

浄法寺郊外にある「うるし林」

町中を流れる安比川

開山約1200年の歴史をもつ東北最古の古刹・天台寺。瀬戸内寂聴が18年間住職を務め、青空説法を開催して人気を博した

浄法寺塗を製造、販売する「滴生舎」

おすすめランチ

●鍋焼きうどん

ラーメンから定食、オムライスまでリーズナブルなメニューを幅広く取り揃える地元食堂。アットホームな店内でゆっくりくつろげる。冬季限定の鍋焼きうどんはご飯と小鉢がついて600円。心も体もあったまる一品だ。

「川又食堂」
二戸市浄法寺下前田20-8

浄法寺歴史民俗資料館
住所：二戸市浄法寺町御山久保35
電話：0195-38-3464
開館時間：9:00～16:30
定休：月曜日、祝日の翌日、12/29～1/3
入館料：一般:210円、学生：110円（団体割引あり）

★浄法寺への行き方
八戸自動車道浄法寺ICより車で約5分

名画名作の舞台を訪ねて

テレビドラマ『あまちゃん』（久慈市小袖）

——二〇一三年度上半期NHK朝の連続テレビ小説

脚本　宮藤官九郎

一躍人気観光地となった海女さんの北限地

平成二十五年四月から九月までNHKで放送され、一大ブームを巻き起こした『あまちゃん』。朝ドラ離れを食い止め、多くの新規視聴者を獲得したといわれている。主人公の口癖である「じぇじぇじぇ」は、この年の流行語大賞にも選出されている。

東京でふさぎがちな毎日を送っていた主人公の女子高生・アキ（能年玲奈）が、母（小泉今日子）の故郷である岩手県で祖母（宮本信子）の仕事である海女さんを継ぐ決意をして岩手に移住。その後、海女さんからアイドルへと、不思議な運命に導かれながらも、さまざまな困難を乗り越えて成長していく主人公の姿を描いている。そして二〇一一年の東日本大震災が発生し、主人公は再び奇妙な運命に翻弄されていく——。

この物語の岩手県の架空の都市・北三陸市のロケ地となったのが久慈市の小袖地区だ。主人公が海女さんになる訓練や実際にお客様に海女さんの仕事を披露したのは、小袖海岸、小袖漁港である。前述の「じぇじぇじぇ」という言葉は、小袖地区の海女さんが驚いたときに「じぇ」と言うのを聞いた脚本家・宮藤官九郎が、これはおもしろいとセリフにしたという。毎年

小袖海女センターとその前の海。ここであまちゃんの撮影が行われた

七月から九月まで、小袖の海女センター前の海では「北限の海女」が実際にウニやアワビを素潜りで採る姿を見ることができる。センター前には、今もなお「あまちゃんロケ地」の看板が掲げてある。

鉈屋町《なたやちょう》（盛岡市鉈屋町）

湧水となつかしき盛岡町家のある町

盛岡の中心部から少し離れたところにある鉈屋町。江戸から明治にかけて、北上川舟運の起点として、あるいは奥州街道や宮古街道の城下玄関口として栄えた歴史をもつ。問屋などが並ぶ川原町、大店《おおだな》が軒を連ねた惣門周辺と異なり、鉈屋町は庶民的な町として発展。商人や職人が多く住み、その住まいと働く場が一体となった建物、盛岡町家が並ぶ町として知られている。

盛岡町家の特徴は、主人の仕事場でその家の中心にある「常居《じょうい》」と呼ばれる部屋があること。主人の出世を妨げない、という意味を込めて基本的に二階はなく吹き抜けになっている。また、道路と平行に屋根の棟をもつ平入りのつくりとなっており、北東北の旧南部領に多く見られる建築方法だ。

盛岡町家が点在する通りを歩く。江戸時代から変わらぬ道幅らしいが、思ったよりも広い。しばらく歩くと共同井戸のようなものがあった。「大慈清水《だいじしみず》」と呼ばれる湧水で、盛岡三大清水のひとつらしい。近くにある大慈寺から湧き出る水を木樋を通して引いたのがはじまりとか。そのほか、鉈屋町には「青龍水」という湧水もあり、この町に酒蔵や豆腐屋などが多いのもうなずける。

町の中心部近くには、旧岩手川酒造鉈屋町工場跡につくられた「もりおか町屋物語館」がある。この地域の活性化を促すための施設だ。コンセプトは「懐かしの賑わいに出会う」。たしかに、この町を散策すれば、往時の懐かしい風情とにぎわいに出会えるに違いない。

心の酒
日本酒
あさ開
酒類・食料品
こうじ屋

観光案内所となっている「もりおか町家物語」の建屋

盛岡三大清水のひとつに数えられる湧水「大慈清水」

もりおか町家物語館
住所：盛岡市鉈屋町10-8
電話：019-654-2911
開館時間：9:00〜19:00（入館は18:30まで）
定休：第4火曜日（祝日の場合は翌日）、12/29〜1/3

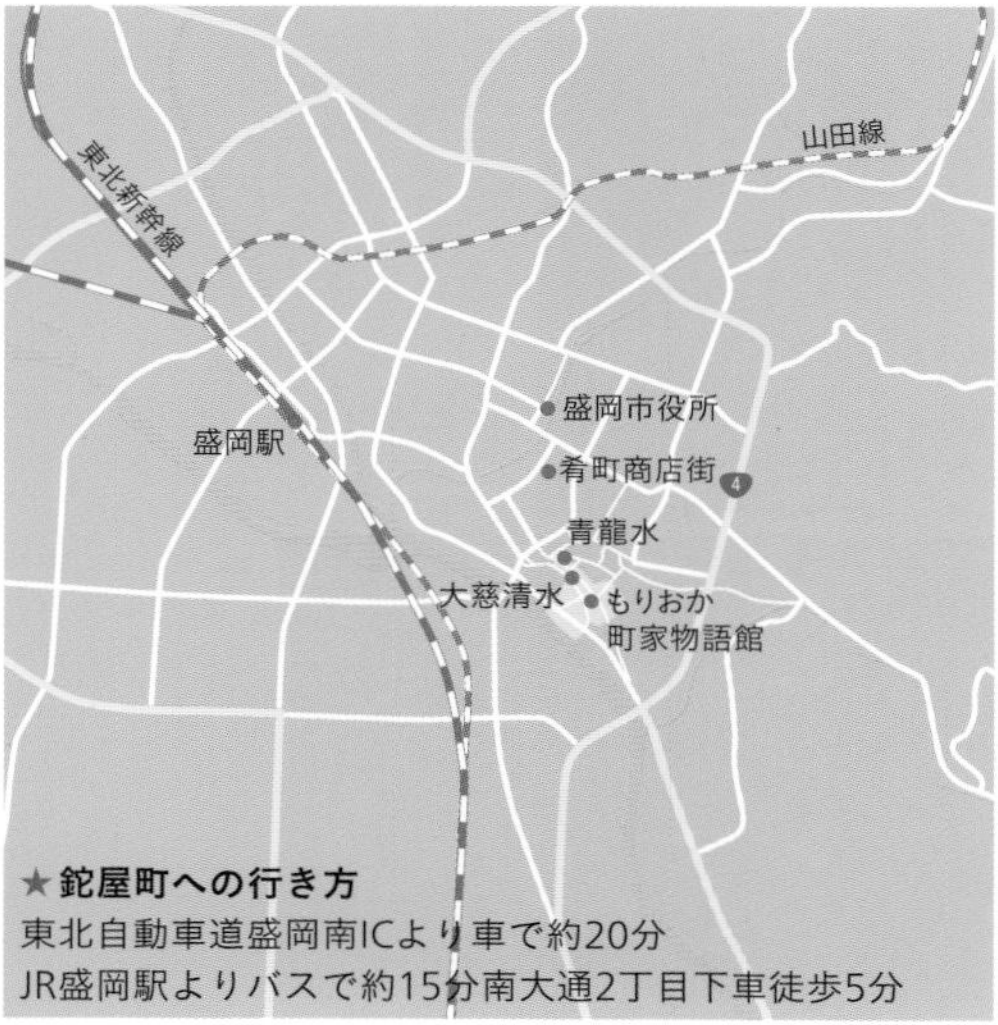

★鉈屋町への行き方
東北自動車道盛岡南ICより車で約20分
JR盛岡駅よりバスで約15分南大通2丁目下車徒歩5分

おすすめランチ

●盛岡冷麺

わんこそば、じゃじゃ麺とならんで盛岡三大麺のひとつともいわれる盛岡冷麺。県民のソウルフードでもあり、今や全国区の人気を誇る。コシの強い麺とシンプルながらコクのあるスープは一度食べるとやみつきになる。

「ぴょんぴょん舎」
盛岡市稲荷町12-5

ノスタルジック商店街

肴町《さかなちょう》商店街（盛岡市肴町）

三百年以上の歴史をもつ商店街

江戸時代、鮮魚や乾物を扱う魚商人や荒物商人が住んでいた盛岡の肴町。多くの客で町は大いににぎわっていたといわれる。今もあるその肴町で三百年以上の間、町の人々のくらしを支えてきたのが肴町商店街である。

現在は、三六五メートルのアーケード街「ホットライン肴町」を中心に、約八十の店舗が軒を連ねている。全国の商店街同様、この商店街もまた衰退を余儀なくされているが、それでも歴史ある商店街を守るべく、関係者は活性化策に取り組んでいる。そのイベントの一つが、令和三年から始まった「盛岡しょうが市」。現在の肴町から隣の八幡町周辺が古くは「生姜町《しょうがちょう》」と呼ばれていたことから企画されたもので、三陸ジンジャーという地元の生姜を使った飲食メニューを楽しむイベントだ。このイベントは大いに話題を呼び、期間中は多くのお客様でにぎわったという。これからが楽しみな商店街だ。

わが町自慢の市場食堂

宮古市魚《ぎょ》菜《さい》市《いち》場《ば》（宮古市五月町1-1）

本州最東端、海の幸、山の幸が並ぶ活気ある市場

終戦直後、軒下路上での出店が元となったという歴史ある市場。幾度もの組織改編を経つつ、常に市民の食を支える重要な拠点としてにぎわってきた。平成七年には現在の建物を新築し移転、新たなスタートを切った。東日本大震災も乗り越え、平成三十一年には老朽化への対応とさらなる利便性のためリニューアルオープン。三陸の新鮮な海の幸山の幸がところせましと売られている。

敷地内にある「魚菜広場」では、場内で購入した新鮮な魚介類や肉、野菜をバーベキューで食べられるようになっている。地元だけでなく、観光客にとっても魅力満載の市場食堂だ。

営業時間 6時30分～17時30分　水曜定休

丼の店おいかわの生うに丼3500円。季節限定の旬の味

世《せ》田《た》米《まい》（気仙郡住田町世田米）

延焼を防ぐためにつくられた蔵並

岩手県の南東部、三陸海岸から少し内陸に入ったところに人口五千人余の住田町《すみたちょう》がある。豊富な森林資源をもとに林業が盛んになった一方で、交易の街道筋に栄えた宿駅の面影が残る町でもある。なかでも、気仙川沿いにある世田米地区は往時の風情を今に伝える町並みがしっかり残っている。

仙台藩には百二十ほどの宿場町があったといわれている。その中でもとくににぎわっていたのが世田米だった。水沢と大船渡を結ぶ盛《さかり》街道と気仙川に沿って走る高田街道の分岐点にあり、三陸の海と内陸部を結ぶ物流の拠点として栄えた。当然商人も多く生まれ、街道沿いには町屋が軒を連ねていた。だが、火事が多かった。享保、天文、天保の時代に三度の大火に見舞われ幾度となく家や蔵を焼失。そのため、商人たちは万一火災が起きても土蔵が延焼するのを防ぐため、各家の敷地の後方、つまり気仙川沿いに土蔵を建てるようになった。それが今も残る世田米の蔵並である。

気仙川にかかる昭和橋を渡り、対岸から町並みを眺めると、蔵の様子がよくわかる。これほど綺麗に蔵が残っているのも珍しい。なまこ壁に四隅をせり上げた造り、装飾などを見ていると、当時のこの町の商家の豊かさが伝わってくる。

歴史を調べてみると、気仙川は古くから砂金がとれ、産出した金は平泉の中尊寺金色堂に使われたといわれる。中世には砂金採集を管理する集落がつくられたようで、それが世田米の町の起こりになっているようだ。砂金の町から交易の拠点、そして蔵の町へ。自身の佇まいを変えながら、たくましく美しく生き伸びている町といえるかもしれない。

そんな世田米の町は、遠野物語を書いた柳田國男の目にもとまっている。遠野からの帰りに立ち寄った世田米の町の様子を、著書『雪国の春』の中でこう書き記している。

「其れにつけても世田米は感じの好いまちである。山の裾の川の高岸に臨んだ、到底、大きくなる見込みのない古駅ではあるが、色にも形にも旅人を動かすだけの統一感がある」

この文言を刻んだ石碑が、気仙川のほとりにある。

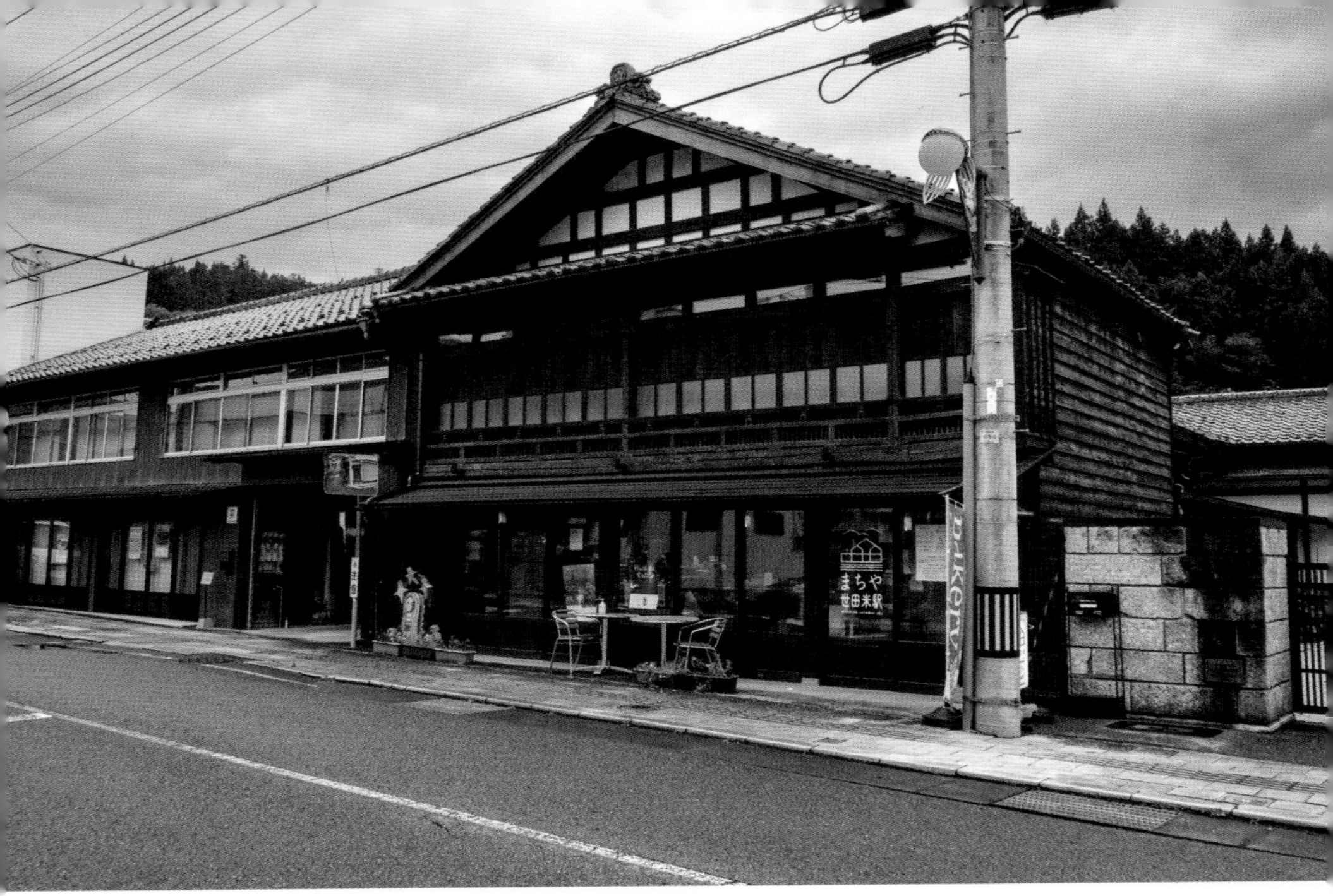

昭和8年に架橋された昭和橋。蔵並とともに世田米のシンボルとなっている

★世田米への行き方
三陸沿岸道路陸前高田ICより車で約20分

おすすめランチ

●けせんランチプレート
世田米商店街の古民家をリノベーションした趣ある店内で、地元の食材を味わえるレストラン、ケラッセ。定食、パスタ、創作丼などメニューも豊富。はじめての人は気仙地方の美味しさが詰まった「けせんランチプレート」がおすすめ。

「けせんのだいどころ　kerasse」
住田町世田米字世田米駅13

水しぎ（みずしぎ）

住田町世田米地区に二百年以上前から伝わる「水しぎ」は、〝火伏せの奇習〟として知られる。その昔、このあたりで偶然ボヤを見つけた物乞いが、鍋や釜をガンガンと打ち鳴らして周りに知らせ、火事が広がるのを未然に防いだのがはじまりだといわれている。当日は地元の消防団員が顔に墨や白粉を塗り、着崩した和服など奇抜な格好をして、一斗缶やバケツをにぎやかに鳴らしながら地域を練り歩く。ユニークな一行が、地域に活気をもたらす。

開催時期　毎年1月24日
開催場所　住田町世田米地区

写真提供：住田町

著名人の旧宅を訪ねて

後藤新平旧宅

都市計画に力を発揮した近代政治家の生家

明治から昭和にかけて、医師、官僚、政治家として活躍した後藤新平は、安政四（一八五七）年、現在の奥州市水沢に生を受けた。政治家になってからは、特に都市計画に定評があり、関東大震災後の東京復興を帝都復興院総裁として担当、満州鉄道初代総裁も務めた。

「後藤新平旧宅」（岩手県有形文化財）は後藤新平が幼少期を過ごした家で、「旧内田家住宅」（奥州市有形文化財）とともに「奥州市武家住宅資料館」として常時公開されている。

この武家屋敷は江戸時代中期に造られたものだが、後藤新平が晩年に修理を施しているため、建物の状態は良い。茅葺の主屋や丸い川石を用いた飛び石などもあり、当時のままの美しい庭園を見ることができる。

住所　奥州市水沢吉小路8－1
利用時間　9:00〜16:30
定休　月曜（祝日の場合は翌日）、年末年始（12/28〜1/3）

大籠《おおかご》（一関市藤沢町大籠）

自由と誇りを歴史に刻むキリシタンの里

岩手県の最南端、宮城県との県境にある一関市藤沢町。その町に大籠という小さな集落がある。江戸時代、たたら製鉄の地として栄えた場所で、当時この地を領有していた仙台伊達藩の保護を受けていた。だが、鉄の生産量が思うように伸びなかったため、技術指導を乞うために備中国（現岡山県）からたたら製鉄の技術者を招いた。この技術者がキリシタンだった。鉄の生産量が順調に増えるとともに、村にはキリスト教信者が増え、最盛期には三万人にも達し、大籠は東北でも有数のキリシタンの里となった。

しかし、江戸幕府の禁教令がこの村に悲劇をもたらす。禁教令の発布から遅れること十年以上、寛永十六（一六三九）年から仙台伊達藩による弾圧が始まり、三年ほどで大籠のキリシタンが三百人以上処刑された。

米どころ東北を絵に書いたような田園風景が続く中、時折不自然なかたちで石や石像が置かれているのが目につく。近くに寄って見てみると、それらはすべてキリシタン弾圧の史跡だった。例えば、百七十八人もの殉教者を出した刑場跡である地蔵の辻、同じく九十四人の殉教者を出した上野刑場跡、そして、キリシタンの処刑を検視した役人が座っていたといわれる首実検石、そうした史跡が集落のあちこちに残っている。いかに、この地で激しい弾圧が行われたかを物語っている。

集落のはずれに、大籠カトリック教会があった。昭和二十七年に建立されたとされるこの教会の前には、マリア像が佇む。教会の美観はもちろん、手入れの行き届いたマリア像を見ていると、今もなお敬虔なクリスチャンたちの拠り所になっていることがわかる。三百人以上も処刑されたが、いかなる迫害にも屈せず、キリスト教への信仰を守り抜き、生き抜いた人々もいた。そうした大籠の祖先の歴史と文化を継承するために、平成七年に大籠キリシタン殉教公園が開設され、県内のみならず全国から数多くの信者が訪れている。

大籠の中心部へ向かう途中、大平という集落には今もなお茅葺の民家が点在していた。緑の田園に浮かぶ茅葺屋根を見ていると、かつてこの村で凄惨な弾圧が行われたことなど、にわかには信じられなくなる。

目の前に広がるのどかな風景からは想像できない歴史が、大籠には秘められている。

上野刑場（うえのけいじょう）。寛永17（1640）年に信徒94名が殉教した場所

地蔵の辻。打ち首や磔によって信徒178名が殉教した地

大籠カトリック教会。昭和27に大籠の殉教者を顕彰するために建設された

元禄の碑。元禄16（1703）年、それまでに殉教した信徒の遺骨を集めて埋葬し、供養碑が建てられた

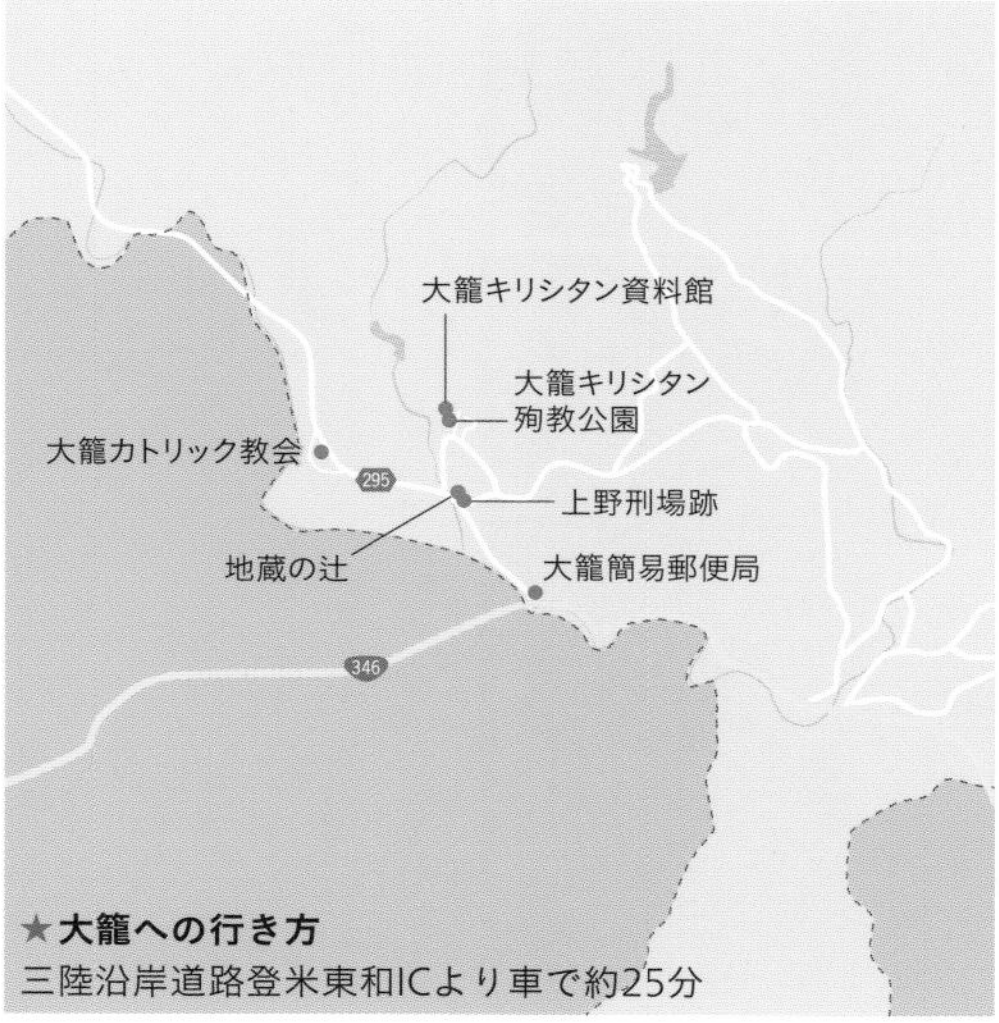

★大籠への行き方
三陸沿岸道路登米東和ICより車で約25分

大籠キリシタン資料館
住所：一関市藤沢町大籠字右名沢28-7
電話：0191-62-2255
開館時間：9:00～16:00
定休：月曜日（祝日の場合は翌日）、12/29～1/3
入館料：一般：300円、大学生・高校生：200円、中学生以下：無料（団体割引あり）

金ケ崎町城内《じょうない》諏訪《ずわ》小路《こうじ》（商家町）

平成13年6月15日選定

江戸時代、伊達藩の領内には二十一の要害があったといわれる。その中で北上川以西の最北の地、南部領との境にあったのが金ケ崎要害である。北上川と胆沢川の合流地点の舌状台地に、城、武家町、商家町があり、樹木帯で周囲と区画されていた。その中の武家町にあたるのが今の城内諏訪小路である。

寄棟造りの武家屋敷は江戸時代そのままの面影を残しており、生垣や屋敷林が当時の風情を漂わせている。屋敷を囲む生け垣の間から見える手入れの行き届いた庭園も見所となっている。

秋田

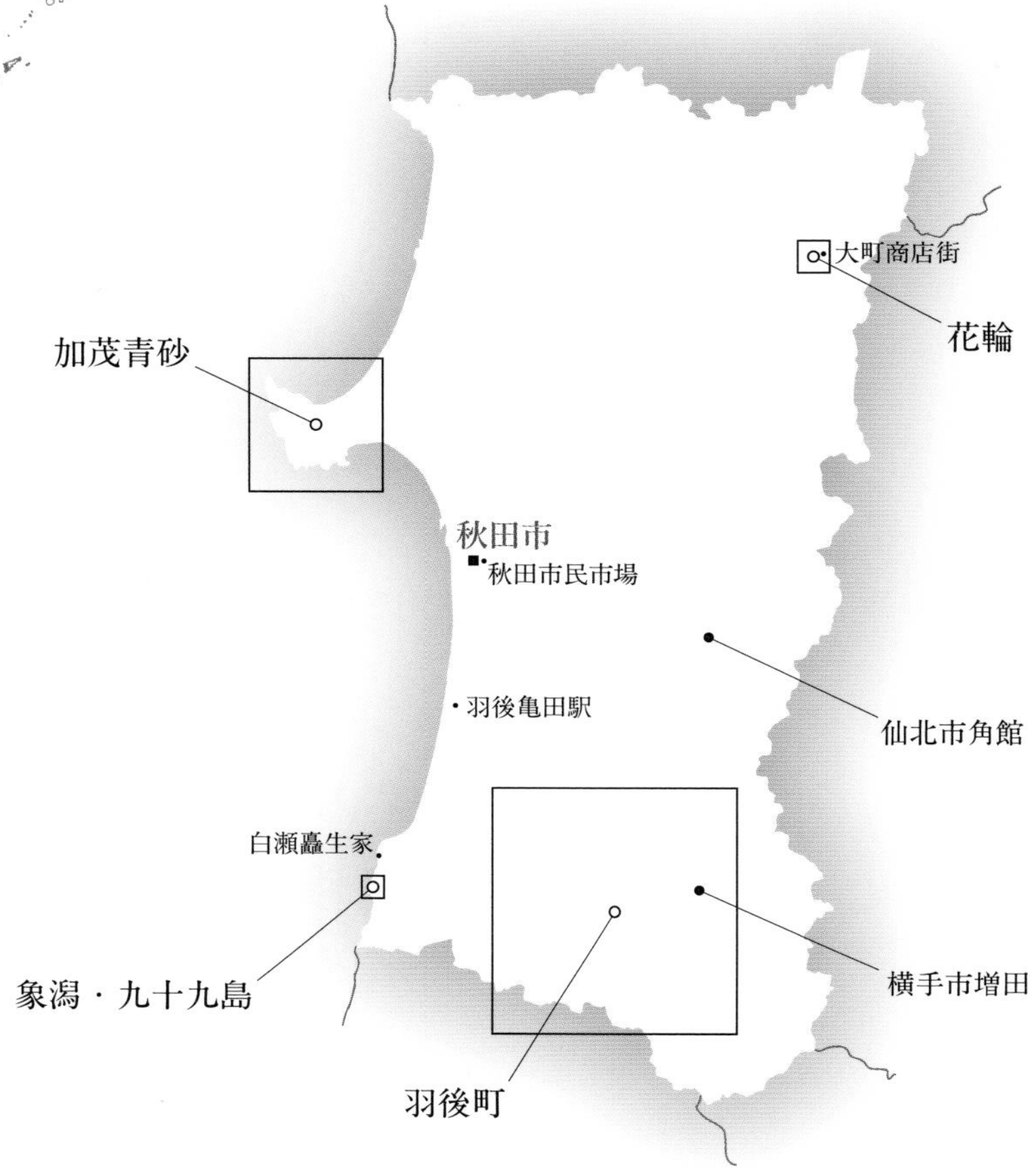

加茂青砂《かもあおさ》（男鹿市加茂青砂）

やさしい浜風が吹き抜ける町

秋田の男鹿《おが》半島といえば、ナマハゲを連想する方が多いかもしれない。重要無形民俗文化財としていまや秋田の象徴的な存在になっている。だが、男鹿半島の魅力はそれだけではない。荒波立つ日本海を背景に、目の前に広がる美しく雄大な自然が訪れる人の心を捉えて離さない。なかでも、半島の西海岸部には、日本海沿岸で屈指の美しさを誇るといわれる海岸線が旅人を迎えてくれる。その西海岸の中心にあるのが加茂青砂だ。

おが潮風街道を入道崎方面へ車を走らせていくと、小さな加茂漁港が現れる。ここが加茂青砂の中心部であり、この漁港の北が加茂地区、南が青砂地区に分かれている。大きく入り込んだ湾は、古くは風待ちの港として利用され、北前船も行き交っていたという。今は漁船の数は少なく、釣り場としての人気の高さを表すかのように、釣り船が数多く港に浮かんでいる。

集落は、この港に沿うように南北に伸びている。かつては北と南に険しい岩場があったためになかなか人が行き来できず、陸の孤島とも呼ばれていたらしい。昭和四十年代に県道が開通するまでは、移動手段は船が主体だった。集落の中を歩いてみる。山の方へ少し歩いていくと、古い小学校があった。旧加茂青砂小学校だ。昭和初期には百人以上の児童が通っていたが、町の過疎化とともに児童数も激減し、平成十三年に閉校した際には、児童は六人だった。現在は、ふるさと学習施設として使われており、その味わいのある校舎がこの町の歴史を物語っている。

江戸時代後期、秋田を旅した紀行家・菅江真澄《すがえますみ》は加茂青砂にも立ち寄っている。

「夕ぐれて、加茂と青砂の女、男が入り混じって地蔵堂の前に群れ集まって踊る。笛、鼓のはやし声は、波の音に乱れあって、浜風も吹いている。」（『男鹿の嶋風』）

たまたま盆踊りに遭遇したらしい。加茂青砂の盆踊りは「だだだこ」と呼ばれ、集落のお盆の恒例行事だった。若手が少なくなったことなどから平成十年頃には行われなくなった。だが、平成二十二年、秋田県内の学生の手によってこの盆踊りが復活。消えかかっていた加茂青砂の伝統行事は蘇った。

人口約百人余。集落は過疎化がすすみ、かつてほどのにぎわいはないが、加茂漁港から見る日本海。コバルトブルーの海が美しくそこにある限り、加茂青砂はいつの時代でも多くの人を惹きつけてやまないだろう。

喜 代 丸

AT3-9746
信光丸

旧加茂青砂小学校

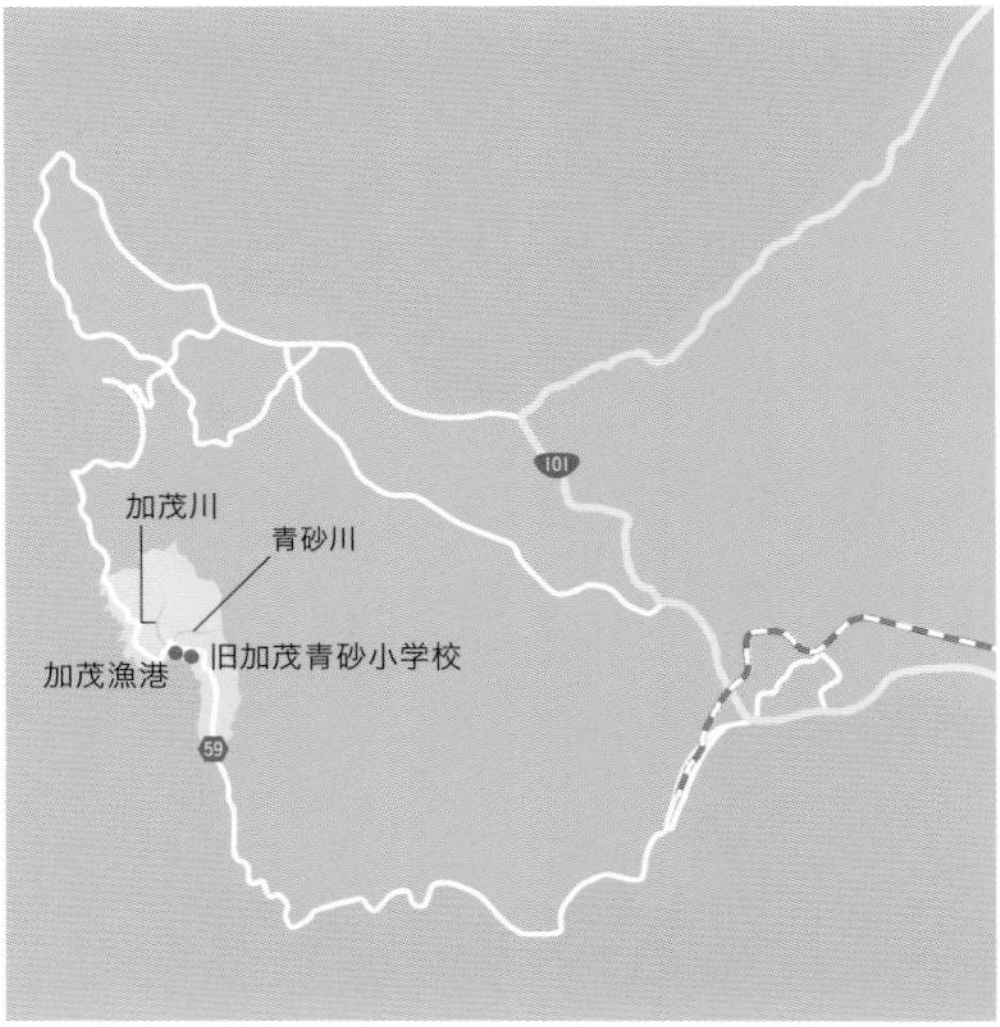

★加茂青砂への行き方
秋田自動車道昭和男鹿半島ICより車で約55分

祭

統人行事（とうにんぎょうじ）

東湖八坂神社の例大祭である「統人行事」は、一年の豊作や大漁を祈願するもので、起源は平安時代まで遡る。スサノオノミコトのヤマタノオロチ退治の逸話と、地元八郎潟周辺の農漁民に伝わる水神信仰があわさったものだとされている。毎年七月七日に行われる船越水道での「くも舞」、天王側の「牛乗り」など、数多くの祭事が執り行われる。江戸後期の旅行家、菅江真澄が書物に記した当時と変わることなく今も伝えられる、貴重な行事だ。

開催時期　年中（本祭は7月7日）
開催場所　男鹿市／潟上市・八竜橋付近

写真提供：男鹿市

わが町自慢の市場食堂

秋田市民市場（秋田市中通4-7-35）

秋田駅から徒歩三分、長く愛される市民の台所

JR秋田駅からすぐそばという利便性の高い場所で地元民から愛される市場。昭和二十六年に朝倉市場として開業し、昭和三十七年には協同組合秋田市民市場が設立された。五十年以上の歴史を誇り、現在の建物は二代目。約七十の店舗が軒を連ね、主婦から食のプロまで、多くの人が朝早くから秋田の旬を求めて訪れている。

買い物だけでなく、食事も充実。回転寿司やラーメン店、コーヒー店のほか、自由に使える「のんびりスペース」では場内で購入した食材や惣菜をすぐに食べることができる。秋田弁が飛び交うにぎわいの中、地元ならではの味を楽しむ贅沢を体験していただきたい。

営業時間　5時〜18時　日曜定休

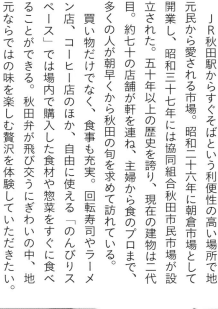

象潟《きさかた》・九十九島《くじゅうくしま》（にかほ市象潟町）

幻の潟がよみがえる昔ながらの景勝地

今から三百年以上前、東北を旅して「奥の細道」を著した歌人・松尾芭蕉。その芭蕉が旅の最終目的地にしたといわれているのが象潟である。真偽の程は定かではないが、松島と並ぶ景勝地として先人の歌人たちを魅了してきた象潟を見たいと強く願っていたことは間違いないらしい。

果たして、念願かなって象潟の風景を見た芭蕉は、こう詠んでその魅力的な風景を絶賛したという。

――象潟や　雨に西施が　ねぶの花――

（なんと魅力的な象潟の風景よ。雨にけぶる中にあたかも西施（中国四大美女）が憂いに沈み、目をふせている姿を思わせて、ねむの花が淡い紅色に咲いている。）

残念ながら、いま私たちは、この芭蕉と同じ感動を味わうことはできない。芭蕉が見た潟は文化元（一八〇四）年の大地震で隆起して陸地となり、潟は消え、潟にあった島だけが当時のままに残っているのだ。

だが、初夏の頃、田に水が張られると、消えたはずの潟が目の前に広がり、芭蕉が見た象潟の麗しき風景が蘇るのだ。もちろん、まったく同じ風景ではない。ただ、水田を消えた潟に重ねて見ることで古の風景に思いを寄せるのも旅の一興だ。

現代の象潟・九十九島は、鳥海山を借景に、かつてとは違う趣をもって見る者の心に染み入ってくる。昔から風景鑑賞の地として知られる蚶満寺《かんまんじ》からはじまる島めぐりコースに沿って歩いていけば、駒留島《こまどめじま》、みのわ島、弁天島、奈良島などと名付けられた小さい島をはじめ、かつて芭蕉が舟で鑑賞した島々を、間近に見ることができる。島と島の間には、ていねいに手入れされた田が何枚も広がっている。存在する島の数は百あまり。とてもすべてを見ることはできないが、時間を忘れてこの象潟独特の風景に見入ってしまう。

芭蕉は、奥の細道に象潟をこうも記している。

――松島は笑うが如く、象潟は憾《うら》むが如し――

陽と陰。日本海特有の憂いを帯びた島の情景を、いつしか目の前の風景に重ねながら、また懲りもせず島めぐりコースを歩き始めていた。

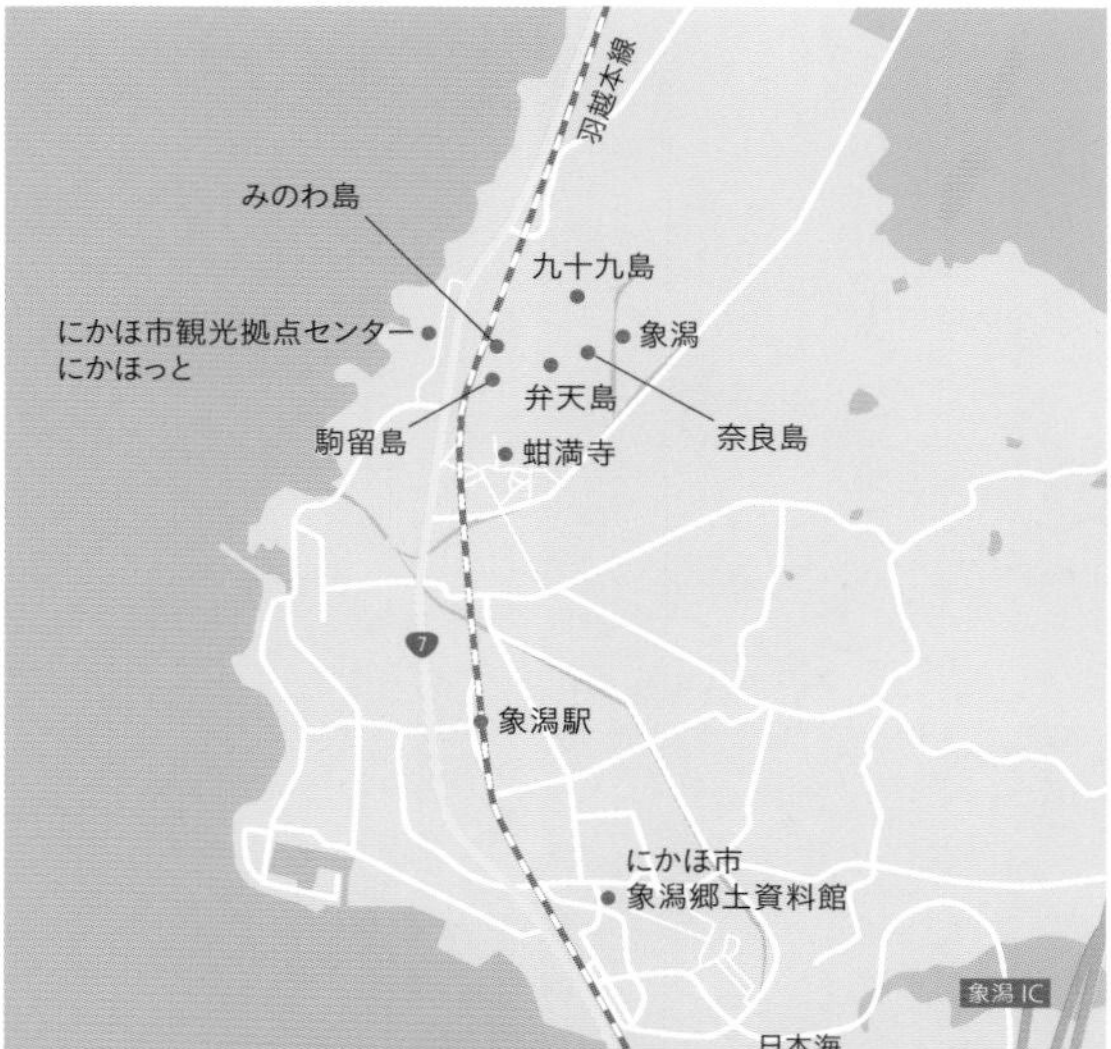

にかほ市 象潟郷土資料館
場所：にかほ市象潟町字狐森31番地1
電話：0184-43-2005
営業時間：9:00〜17:00
定休：月曜日（祝日場合は翌日）、12/29〜1/3
入館料：一般：150円、高校生その他学生：100円、小・中学生50円（団体割引あり）

★象潟九十九島への行き方
JR羽越線象潟駅より徒歩約20分
日本海東北自動車道遊佐子ICより車で約30分

著名人の生家を訪ねて

白《しら》瀬《せ》矗《のぶ》生家
日本人初の南極探検家の故郷

南極観測船「しらせ」の名の由来となったのが日本人初の南極探検家である白瀬矗《のぶ》である。文久元（一八六一）年、にかほ市金浦にある浄蓮寺の長男として生まれた白瀬は、十一歳のときに寺子屋で聞いた北極探検の話に感銘を受ける。将来は北極探検家になると決め、成人して陸軍に入隊したあと、探検家として歩み始める。だが、アメリカの探検家が先に北極点に到達してしまったため、白瀬は南極大陸に到達することを新たな目標とした。そして、明治四十年、白瀬隊は日本で初の南極探検を実現する。素晴らしい偉業を収めた白瀬だったが、帰国後は探検にかかった多額の借金が発覚し、長らく返済に苦しめられた。昭和二十一年逝去。墓所は実家である浄蓮寺につくられ、静かに眠っている。かつては、探検家を志す人々が数多く訪れていたという。

住所 にかほ市金浦南金浦226

名画名作の舞台を訪ねて

『砂の器』（由利本荘市松ヶ崎字高野）

小説　松本清張著・一九六一年
映画　野村芳太郎監督・一九七四年

刑事が足を運んだ駅舎や旅館がほぼ当時のままに残る

JR羽後本線の「羽後亀田駅」。東京から来た2人の刑事が降り立った駅である

社会推理小説の名手であった松本清張の代表作の一つである『砂の器』。昭和三十五年五月から翌年四月まで、読売新聞夕刊に連載され人気を博し、現在まで八回も映像化されている。その中でも屈指の名作と評価されているのが昭和四十九年に封切られた野村芳太郎監督の映画版『砂の器』だ。

物語は、迷宮入りと思われた殺人事件を捜査する二人の刑事と不幸な過去によって罪を犯してしまう天才音楽家の宿命を描いたもので、重厚な演出と美しい映像が話題となった。映画では二人の刑事を丹波哲郎と森田健作、過酷な運命を背負った音楽家を加藤剛が熱演。事件解決の鍵をにぎる「カメダ」という言葉の謎を執念で解き明かし、事件の真相に辿り着く二人の活躍が描かれる。

この映画版『砂の器』の冒頭、十分程度に過ぎないが、二人の刑事が「カメダ」の謎を説くべく秋田県の「羽後亀田」駅まで足を運び、地元の人々に聞き込みをするシーンがある。もう五十年近く前の映像なので、現在の風景とはだいぶ異なっているが、「羽後亀田」駅の屋根のかたちは、当時のままに残っている。

2人の刑事が歩いていた田んぼの中の道。駅の周辺はいまでも豊かな田園風景が広がる

刑事が聞き込みに尋ねた「朝日屋旅館」。かつての「九半」という旅館の建物を使った。現在は営業していない

羽後町《うごまち》（雄勝郡羽後町）

農村の原風景が広がる茅葺民家の里

雪が多く降る秋田の中でも、特に豪雪地帯として知られる雄勝郡羽後町。山形県境に近く、雄物川を挟んで湯沢市と隣接するこのあたりは、ほとんどが山林と原野だ。高い山々に囲まれているだけに、冬ともなれば二メートル以上も雪が積もり、あたり一面色のない世界に変わってしまう。

山と雪、その厳しい自然の中で、人々は川に沿って細くのびる谷を開き、田をつくり集落をつくっていった。地図を見ると谷を縫うように広がる数多くの集落と田。羽後町は出羽丘陵内陸部を代表する農村となっている。

冬の雪に覆われた白銀の世界も、春を過ぎて夏の陽光が差し込む頃には、目にも鮮やかな緑の世界へと変わる。そして、それを見守るかのように、ポツリポツリと茅葺民家が点在する。調べてみれば、羽後町には約六十棟の茅葺民家があり、特に軽井沢という地区には築百年以上の家が数多く残っている。古くからこの地区には腕のいい屋根葺き職人がいたといわれるが、それにしても今だにこれだけの茅葺民家が残っている農村はそれほど多くはないだろう。

昭和四十年頃、秋田県出身で日本を代表する舞踏家の一人である土方巽《ひじかたたつみ》が、羽後を訪れて時間がとまったような風景にいたく感じ入り、羽後を舞台にした写真集を刊行した。羽後の、素朴で、過剰なものは何もない必要最小限の風景、ただそこに在る風景が一人の舞踏家の心の琴線に触れたのかもしれない。

緑に輝く田んぼ、伸びるあぜ道、遠くに見える鳥海山。野良作業に勤しむ人々、そよぐ風、そして茅葺屋根の家。日本の農村風景に必要な要素をすべて詰め込んだような、農村の原風景が目の前に広がる。誰が名付けたか、「純農村風景」。いつまでもこのまま残っておいてほしい景色だ。

ちなみに、羽後町をめぐるには車を利用するのが便利だ。公共機関はない。隣町にあるＪＲの羽後本線湯沢駅から車で約九十分ほどかかる。この交通の便の悪さも、また羽後町の魅力の一つといっては語弊があるだろうか。

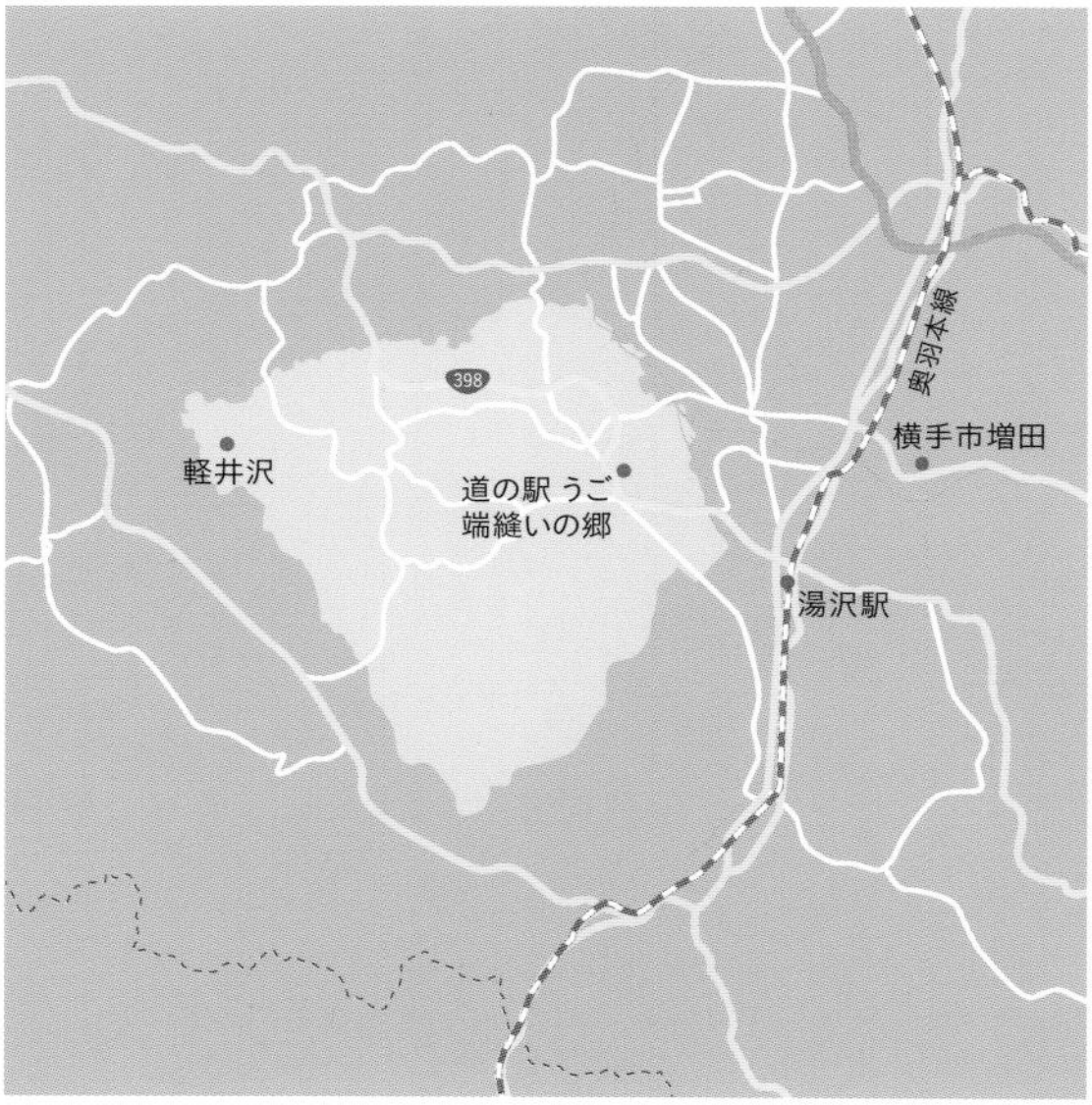

道の駅 うご 端縫いの郷
住所：雄勝郡羽後町西馬音内字中野200
電話：0183-56-6128
営業時間：9:00〜17:00（観光案内所）その他は要問い合わせ
定休：1/1

★羽後町への行き方
JR奥羽本線湯沢駅より車で約15分

花輪《はなわ》（鹿角《かづの》市花輪）

古町を潤す祭りばやしと湧水

笛や太鼓に鉦《しょう》の音、時折入る合いの手に、祭りはさらに熱気を帯びていく――お祭りに欠かすことができない祭囃子《ばやし》。一つとして同じものはなく、日本各地の祭りごとに独自の節や演奏法がある。なかでも、歴史が古く文化的価値が高いとされる三つの祭囃子は日本三大祭囃子と呼ばれている。東京・神田祭の神田囃子、京都・祇園祭の祇園囃子、そして秋田・花輪祭の花輪ばやしである。

花輪祭とは、秋田県北東部にある鹿角市の花輪地区で毎年八月に行われる屋台行事。月の光に輝く豪華絢爛な屋台を後押しするように響き渡る花輪の祭囃子は、日本一の祭囃子との呼び声も高い。

花輪のある鹿角市は、かつて鉱山の町として栄えた歴史をもつ。その象徴が花輪地区に隣接する尾去沢《おさりざわ》鉱山で、奈良時代から銅を産出し、江戸から明治にかけては日本有数の銅鉱産地として日本の産業を支えた。尾去沢には全国から鉱夫たちが集まり、隣接する花輪にはその鉱夫たちを相手にした商店が軒を連ね、町は大いににぎわった。その結果、花輪には日本各地の風習や文化が融合された独自の文化が生まれた。その一つが花輪祭である。花輪ばやしが響き渡る屋台行事は八月の二日間だけだが、八月下旬から中秋の名月ごろまで、花輪の町では篝火を囲んだ踊りが繰り広げられる。

　祭りの時期は多くの観光客でにぎわう花輪の町だが、何もない日の花輪の町には、古町特有の懐かしい風情が漂う。町通りと呼ばれる目抜き通りには、古い商家が今も残っており、なかでも旧関善酒店《きゅうせきぜんしゅてん》の建物がひときわ目をひく。これは安政二（一八五六）年創業の造り酒屋で、花輪の政治経済の中心的な役割を果たした店だ。現在残っている建物は明治期に建てられたもので、日本最大級の吹き抜け木造架構となっている。建屋の正面には雪国ならではの庇「こもせ」が設えてある。

　さらに町通りを歩くと、共同井戸のようなものがあった。「御伊勢堂」と書いてある。地元の方々には「おせど」と呼ばれているらしい。花輪は古くから清水が湧出する場所で、生活用水としてはもちろんのこと、酒造りや蕎麦づくりに利用されてきた。

　溜まった水の中にそっと手を入れてみる。清冽な水の冷たさに驚く。今は秋の終わり。冬がもうすぐやってくる。

メガネショップ 山田

「こもせ」が設えてある旧関善酒店の建物

共同の水汲み場「おせど」(御伊勢堂)

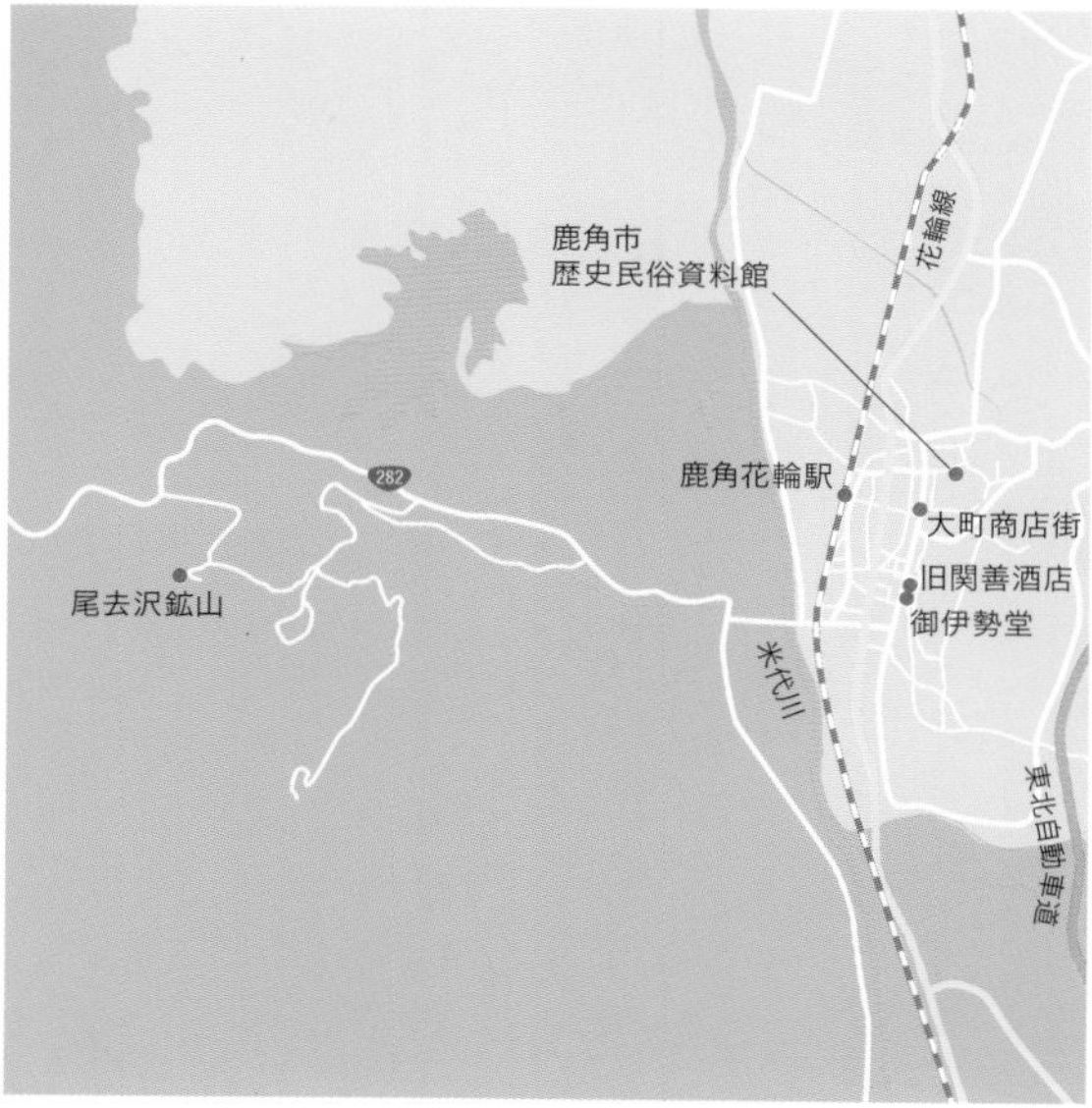

鹿角市歴史民俗資料館
住所:鹿角市花輪字中花輪113番地
電話:0186-22-7288
開館時間:9:00〜17:00
定休:月曜日(祝日の場合は翌日以降の平日)、12/29〜1/3
料金:無料(特別展・企画展は有料の場合あり)

★花輪への行き方
JR花輪線鹿角花輪駅より徒歩約5分
東北自動車道鹿角八幡平ICより車で約5分

ノスタルジック商店街

大町商店街（鹿角市大町）

花輪ばやしの屋台をイメージ

ＪＲ鹿角花輪駅から徒歩約三分。鹿角市花輪の中心的商店街として歴史を刻んできたのが大町商店街である。旧関善酒店のある谷地田町が大きな商家が並ぶエリアだったのに対して、大町商店街は警察署、スーパーマーケット、娯楽施設をはじめ、多彩な業種の商店が並び、地元住民の日々の暮らしを支える商店街としてにぎわいを見せていた。しかし、全国の地方の商店街と同様、現在は昔ほどのにぎわいはなく、シャッターを閉じたままの商店も目立っている。救いは、歩いていると聞こえてくる店の呼び込みの声と子供たちの声。「いらっしゃい」という店主の声に混じって、学校帰りにふざけながら商店街を走っていく子どもたちの声が聞こえてくる。町にこの元気さえあれば、商店街も生き残っていくだろう。実際、商店街のアーケードを花輪ばやしの屋台をイメージしたオレンジ色にリニューアルしたり、愛称をハミングロードおおまちにするなど、さまざまな手を打って、商店街を盛り上げようとしている。大町商店街はまだまだこれからだ。

重要伝統的建造物群保存地区

仙北市角館《かくのだて》（武家町）

昭和51年9月4日選定

戦国時代、戸沢氏の本拠地があった角館。その後、蘆名《あしな》氏、佐竹氏の拠点となり、城下町として整備されていった。その城下町角館を南北に流れる桧木内川《ひのきないがわ》の東側、川に沿うように南北に伸びるのが武家屋敷群である。保存地区は旧武家屋敷町のほぼ中央にあり、上級および中級武士の武家屋敷地にあたる。現在も藩政時代の地割はそのままに、主屋・門・蔵の屋敷構えとともに武家町の特性をよく残している。

武家屋敷通りには樹齢三百年を超す枝垂れ桜があり、春ともなれば多くの観光客でにぎわいを見せている。

重要伝統的建造物群保存地区

横手市増田《ますだ》（在郷町）

平成25年12月25日選定

県内でも有数の豪雪地帯である横手。その横手盆地の東南部に位置するのが増田町である。古くから東北地方の交通の要衝として発展してきたこの町は、江戸時代から人や物資が行き交う流通拠点としてにぎわい、明治から大正にかけては県内有数の商家町として活況を呈した。商人たちは母屋で覆われた「内蔵」と呼ばれる豪華な蔵を競って作り、現在もその内蔵のある家が四十軒以上残っている。白漆喰や黒漆喰磨き仕上げなどの意匠が凝らされた内蔵はもちろんのこと、かつて隆盛を誇った商人たちの家々が往時のままに残っている。

宮城

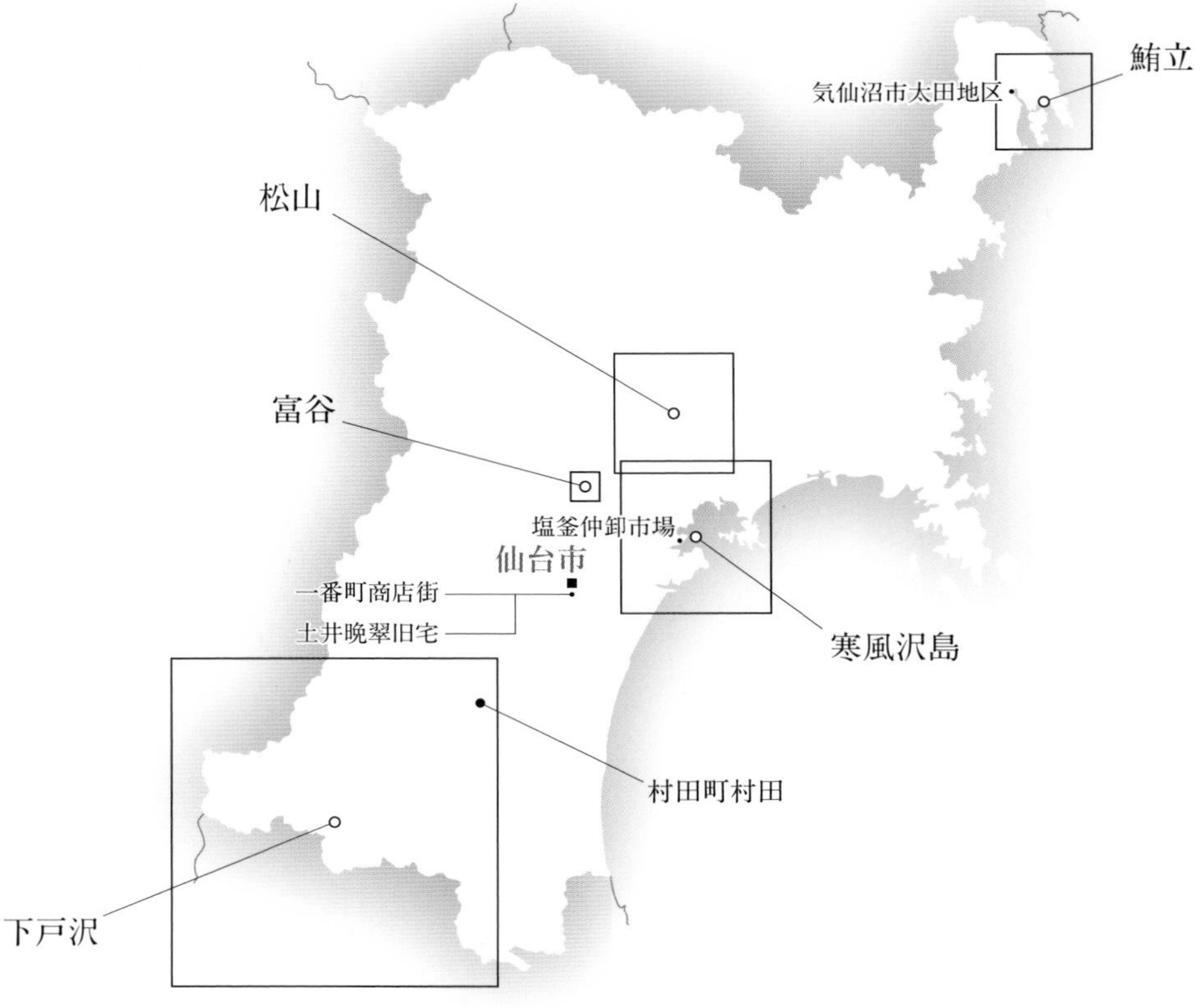

鮪立《しびたち》（気仙沼市唐桑町鮪立）

南三陸の景勝地にある小さな漁村

宮城県の地図を見ると、北東端に太平洋に少し突き出た小さな半島を見つけることができる。古くから南三陸地方の絶景の地として知られる唐桑《からくわ》半島である。三方が海に臨む半島は、周囲約五十km、リアス式海岸特有の複雑な入江と豪壮な岩壁が多くの観光客を魅了してきた。中でも半島の東側、巨釜《おがま》や半造《はんぞう》といった地域には連続する奇岩があり、唐桑を代表する奇勝として知られている。

これら観光客に人気の東側に対して、半島の西側には島の人々の暮らしが息づく小さな港がひっそりと点在する。その中のひとつ、鮪立漁港に立ち寄ってみた。

鮪立と書いて「しびたち」と読む。文字通り、かつてマグロの遠洋漁業で栄えたところで、その盛況ぶりを「沖から鮪が立ってやってくるようだ」と例えたのが地名の由来といわれている。往時、遠洋マグロで財を成した漁師たちが競って家を建て、それらの家は「唐桑御殿」や「マグロ御殿」と呼ばれたそうだ。

現在の鮪立漁港は、先の震災の傷跡はだいぶ癒えたとはいえ、防潮堤工事はいまだ続いており、港に面した山の斜面も崩れたままのところがかなり残っている。しかし、震災を免れた入母屋造りの家が、港を見下ろすように並んでいる。たしかに、かつてマグロ御殿と呼ばれていた頃の面影が残る豪奢な家屋もいくつかあった。

家々の間を縫うように上に伸びる坂道を登ってみる。眼下に広がる海には白い波が踊り、浮かぶ養殖の棚が時折揺れている。同じように揺れる係留船とともに、おだやかな海のリズムを刻んでいる。このリズムを乱し、集落ごと飲み込むような凄まじい海の姿は、目の前の静かな海からはとうてい想像できない。

だが、この地は、明治二十九年の三陸大津波でも大きな被害を受けた。その際に、高波で先端が折れた岩が、いま唐桑の観光名所となっている数々の奇岩であるのは、不思議な巡り合わせである。

気仙沼市街から車で約三十分。小さな半島の小さな漁港には、南三陸ならではの自然と歴史がぎっしりとつまっている。

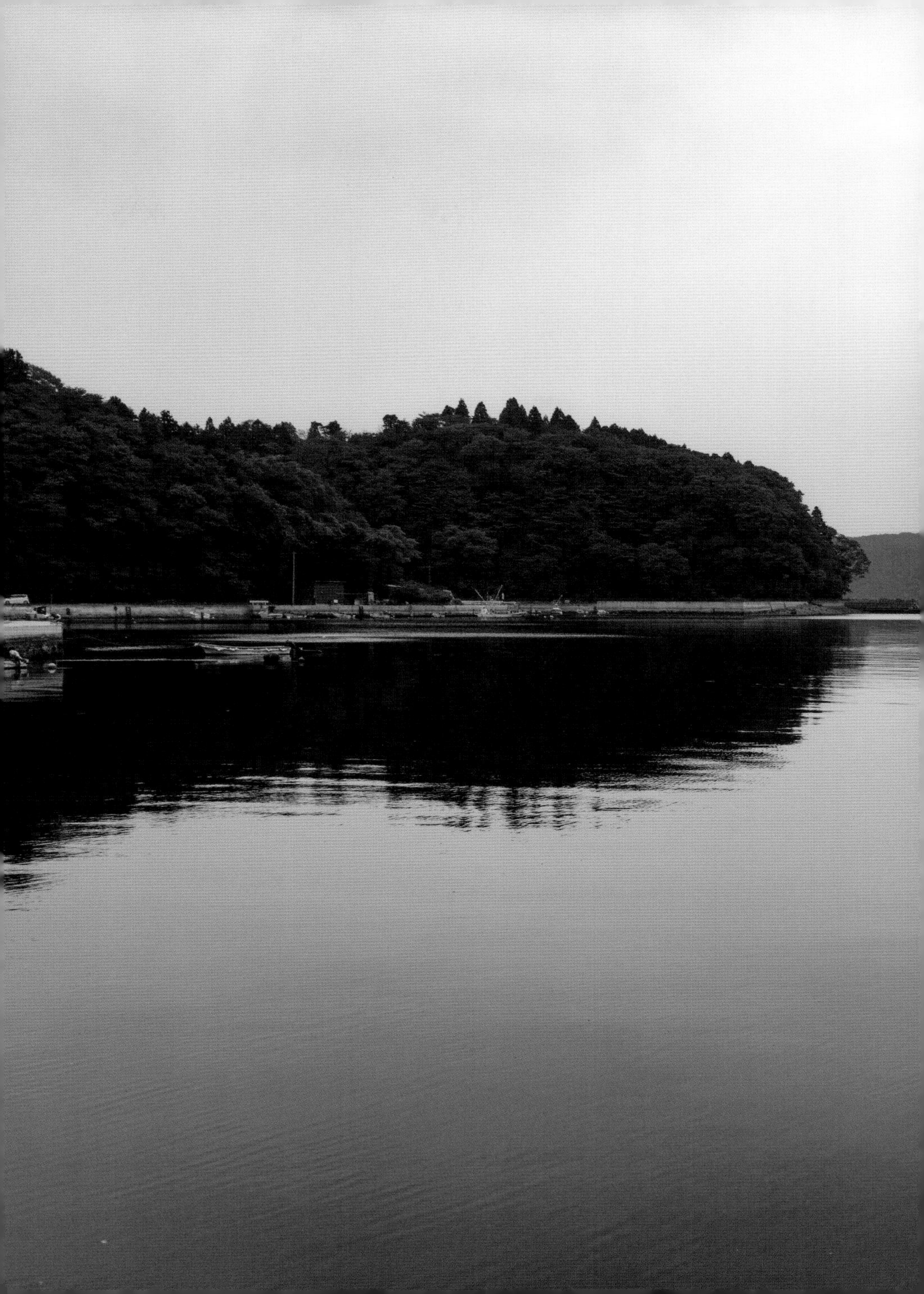

唐桑半島ビジターセンター
住所：気仙沼市唐桑町崎浜4-3
電話：0226-32-3029
営業時間：8:30〜16:30
定休：火曜日（祝日の場合は翌日）、祝日の翌日
（土日にあたるときは開館）

★鮪立への行き方
三陸沿岸道路唐桑半島ICより車で約15分

松山《まつやま》（大崎市松山町）

旅人を酔わせる古き酒造りの町

宮城県北部、大崎市にある松山町は、県北の交通の要衝および政治経済の中心地として古くから栄えてきた。伊達家の家臣であった茂庭氏が松山城に入城した江戸時代の初め頃からは城下町としても隆盛していった。商人町は多くの商家で活況を呈したが、なかでも盛んになったのが醸造業である。

松山を含む大崎市は、もともと宮城でも指折りの米どころ。さらに地下水も豊富に湧出するとあって、酒造りが始まったのは必然だったといえようか。以来、松山には多くの酒蔵ができ、米どころならぬ酒どころの松山といわれるほどになっていった。しかし、一九七〇年代に入ると、大手の日本酒メーカーが安い酒を生産し始めて、松山、そして宮城の酒蔵も少なからぬ影響を受けるようになる。この苦境を脱するために、若い蔵元たちが大同団結を呼びかけ、それに応じた四つの蔵元が一緒になり、新しい蔵元を立ち上げた。それが今や全国的知名度をもつ「一ノ蔵」である。

もちろん、最初から順調だったわけではない。新しい蔵元を立ち上げてから数年はまったく売れなかった。一躍その名を知らしめたのは、昭和五十二年に発売された「一ノ蔵無鑑査」という銘柄である。当時、日本酒の級別鑑定制度があり、特級、一級に格付けされた酒は良質ではあったものの、高い酒税がかけられ庶民はなかなか手が出せなかった。そこで、特級・一級レベルの品質の酒を、あえて鑑定にかけない二級酒として発売し、良質な品質の酒を安く手に入るようにしたのがこの「一ノ蔵無鑑査」だった。この銘柄の発売により、「一ノ蔵」は全国的に知られるようになり、以来、宮城を代表する銘酒として多くの日本酒ファンを魅了している。

まさに日本酒とともに歩んできた町、松山。町を支える酒造りの文化と歴史を後世に伝え継ぐために、「松山酒ミュージアム」をつくり多くの観光客の招聘に成功している。このミュージアムに隣接するレストランで日本酒の利き酒をして、ほろ酔い気分で松山の町並みを歩くのも一興だろう。武家町の整然とした地割と荘厳な家屋、商人町に残る古い家屋や蔵や雁木、そして少し町を離れれば、目の前に広がる緑の水田。松山のなつかしい風景と田園を吹き抜けるさわやかな風を肴に、美酒に酔いしれる旅もいいものだ。

松山酒ミュージアム

おすすめランチ

●うな丼

創業65年、長く地元で愛される食事処、小島屋。お得なランチセットメニューが充実していて、カツ丼&半ラーメンは650円、うな丼は1000円という驚きの安さだ。

「お食事処小島屋」
大崎市松山千石字松山319

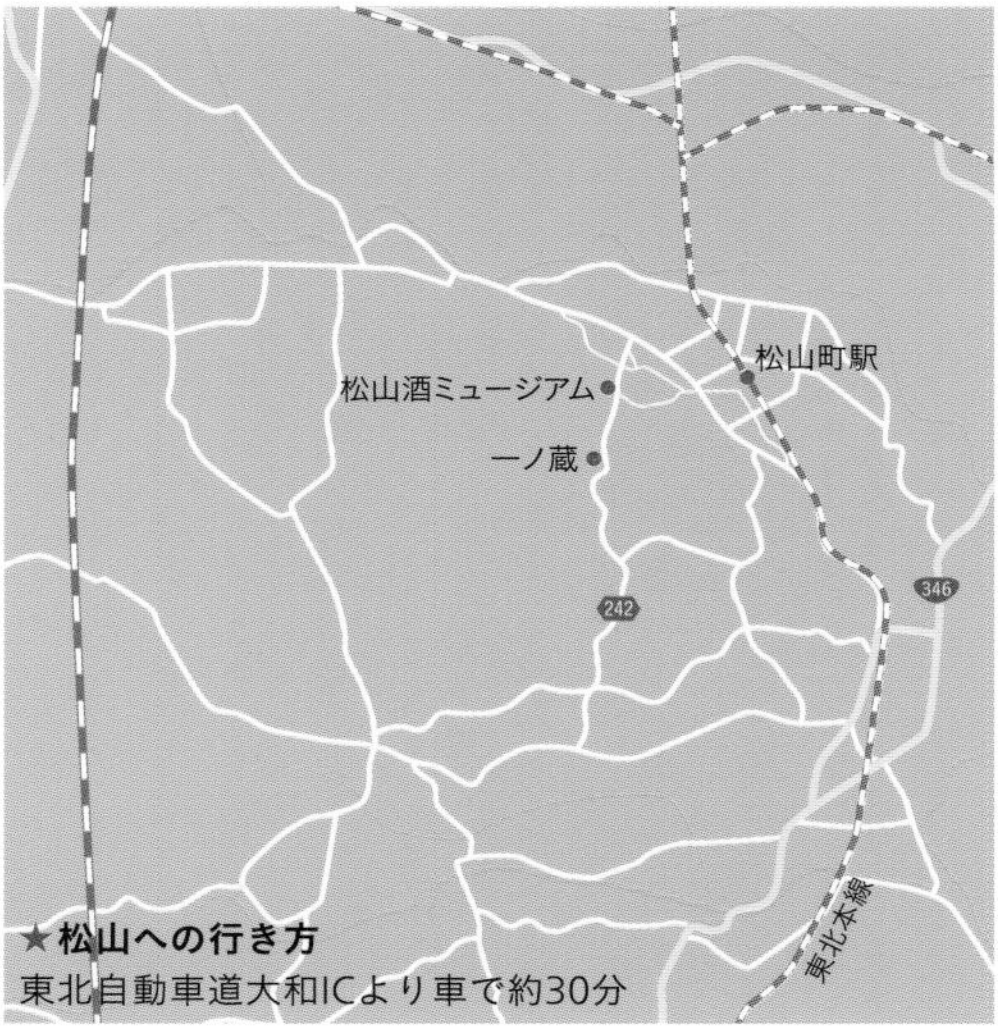

★松山への行き方
東北自動車道大和ICより車で約30分

松山酒ミュージアム
住所：大崎市松山千石字松山 242-1
電話：0229-55-2700
営業時間：9:30〜17:00（入館は16:30まで）
定休：月曜日（祝日の場合は翌日）、年末年始
入館料：大人300円、高校生以下150円（団体割引あり）

『護られなかった者たちへ』（気仙沼市）

小説　中山七里著・二〇二一年
映画　瀬々敬久監督・二〇二一年

地元の方々の理解と協力を得て リアルに被災地を再現

公開直後から大きな話題を呼んだ『護られなかった者たちへ』。東日本大震災から十年後の宮城県を舞台に、不可解な連続殺人事件の裏に隠された切なく哀しい人間ドラマを描いた傑作である。

震災時、避難所で偶然一緒になった主人公・利根（佐藤健）と小学生の女の子・カンちゃん（清原果耶）、そして避難所から出ても二人の面倒をみることになる初老の女性・遠島けい（倍賞美津子）。物語はこの三人を軸に進み、それぞれが背負った宿命の中、不可解な殺人事件の解決を通して、誰も知らなかった衝撃の真実が浮き彫りにされていく。事件の真相を探る刑事を阿部寛が演じている。

撮影は、公開前年の令和二年六月から七月にかけて宮城県で行われ、仙台市、石巻市、気仙沼市、塩釜市、富谷市、川崎町とロケ地は広範囲にわたった。実際に震災を経験した現地の方々にとって、震災にまつわる映画を撮ることに対する反発があるのではないかと懸念されたが、どのロケ地でも撮影隊は快く迎えられたという。特に、映画の中で重要なポイントとなるロケ地を多く抱えている気仙沼市には、今も多くの観光客がロケ地巡りを目当てに訪れている。

気仙沼市太田地区。主人公・利根が避難所で出会った女性・遠島けいの家がある場所。けいが営んでいた理容「トオシマ」の店舗（ロケ時に設営）が残っている

気仙沼港。久しぶりに気仙沼に戻ってきた利根が、高校生になった円山幹子（カンちゃん）と再会した場所

旧馬籠小学校。利根、遠島けい、カンちゃんが出会う東日本大震災時に避難所となった小学校。廃校となっていた校舎にがれきや資材を置いて撮影された

米川の水かぶり（よねかわのみずかぶり）

登米市東和町米川に古くから伝わる「米川の水かぶり」は、毎年二月に行われる火伏せの行事だ。地区の男たちが裸身にしめ縄、被り物、わらじなどで全身をワラで包み、顔には火の神様の印であるかまどのすすを塗る。この奇抜な装束を身につけることで神様の使いへと化身するという。大慈寺に参拝したあと、奇声をあげながら町を練り歩き、家々の前に用意された水を屋根にかける。見学の人々は男たちが身につけたワラを抜き取り、それぞれの家の防火のお守りにするという。ユネスコの無形文化遺産に登録されている。

開催時期　毎年2月の初午の日
開催場所　登米市東和町米川
写真提供：登米市観光物産協会

わが町自慢の市場食堂

塩竈市場食堂　只野（塩竈市新浜町1-20-74）

塩竈を満喫するノスタルジック市場の海鮮食堂

日本でも有数の水揚高を誇る塩釜港。とくにマグロ類の水揚高はトップクラスだ。塩釜仲卸市場はそれを裏付けるようなにぎわいで、一〇〇以上の水産物専門店を目当てに、いつもたくさんの人でごった返している。場内は昭和レトロな市場の趣たっぷりで、通路を行ったり来たりするだけでも楽しい。日曜日には場外にたくさんの屋台が並ぶ朝市も行われている。

早朝六時から営業している場内の食堂、只野は海鮮丼が充実。塩竈海鮮丼が一番人気で、自分でネタが選べる塩竈よくばり丼も好評だ。

営業時間　6時～13時　水曜定休

寒風沢島《さぶさわ》（塩釜市浦戸寒風沢）

仙台藩の海運を支えた浦戸諸島の島々

江戸時代、東北を旅した松尾芭蕉が奥州行脚の最大の目的地としていたといわれる松島。海に浮かぶ三百近くの島影による絶景は、今もなお多くの人々の心を魅了している。この数多くの島々の中で有人島はわずか四島。その四島をふくめた松島湾の湾口部の島嶼群は浦戸諸島と呼ばれている。ほとんどの島が塩釜市になっているが、一部の島々は宮城郡の七ヶ浜町に属している。浦戸という地名は、「松島浦の門戸」の地であることに由来したもので、かつては浦戸村がおかれていた。

ＪＲ本塩釜駅から徒歩十分ほどのところにある「マリンゲート塩釜」。そこから市営汽船に乗り込めば、約二十分で桂島に着き、野々島、寒風沢、朴島とめぐることができる。

浦戸諸島の中で一番大きな有人島、寒風沢島で船を降りてみた。思いのほか、大きな港があることに驚く。漁船も数多く停留している。それもそのはず、歴史をひもといてみれば、寒風沢島は仙台藩の江戸廻米の港があった。年貢米をここで千石船に積み替え、江戸の品川まで運んだ。船乗りを相手にした遊郭もいくつかあったという。また、幕末に伊達藩が日本初の鋼鉄製西洋型軍艦を建造したのもこの島だった。戊辰戦争の際には、江戸を脱出した榎本武揚、土方歳三ら旧幕府海軍が、函館五稜郭に向かう途中、艦や兵を休めるために寒風沢島をはじめとする浦戸諸島に寄港したともいわれている。江戸時代には軍事的にも重要視されていた島なのである。

いまの寒風沢島は、そんな歴史の面影はまったくなく、のどかな漁村の風景が広がり、湾を見渡せば、カキの養殖棚が見え隠れする。港にある大量のホタテの貝殻は、カキの種ガキをとるためのもの。漁師には欠かせない道具なのだ。

また、道を歩くと民家の敷地に独特な石造りの建築物があることに気づく。これは、かつてこの小屋の中でストーブをたき、養殖ノリ加工の仕上げの乾燥をした「のりの乾燥小屋」の名残らしい。今ではその役割を終え、倉庫や荷物置き場として使われているそうだ。島の奥の方には、浦戸諸島で唯一の水田が広がっている。

小一時間も歩いただろうか。再び港に戻り、塩釜行きの船に乗り込んだ。

船がつくる白波を追ってくるかのように、多くのカモメがこちらに近寄ってくる。

地図で見れば塩釜市の端に位置する浦戸諸島。しかし、鉄道も車もない時代、船が輸送の中心だった時代には、まぎれもなくこの島々がこの地域の中心だったに違いない——そんなことをふと考えながら、風に揺れるカモメにしばらく見入っていた。

マリンゲート塩釜をあとにして、島巡りへ

かつて養殖ノリを乾燥
させたノリの乾燥小屋

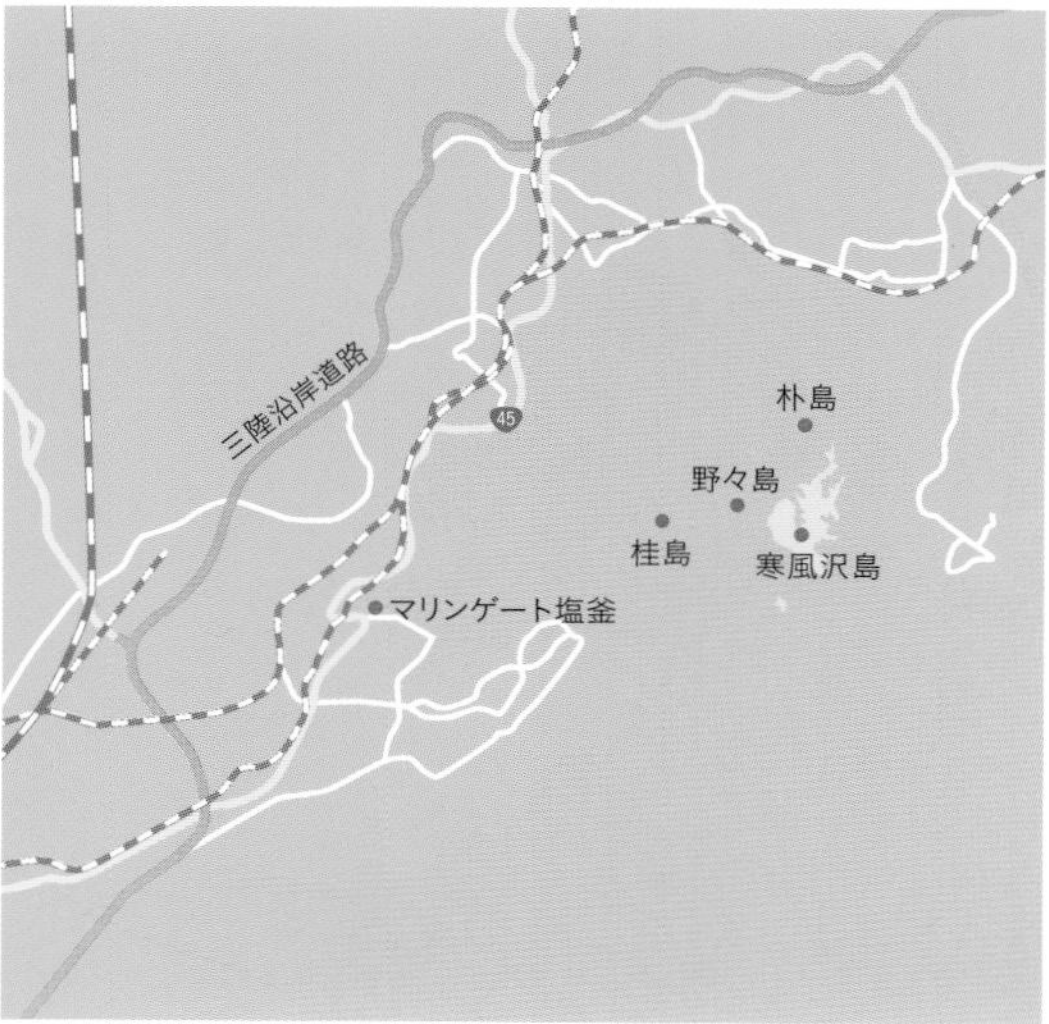

★寒風沢島への行き方
マリンゲート塩釜より市営汽船で約40分

富谷《とみや》（富谷市富谷）

ひっそりと佇む奥州街道七十二番目の宿場町

仙台のベッドタウンとして発展を続ける富谷市。人口も五万人を超え、多くの人が移住して町は活況を呈している。そんな富谷の中心部に、令和の時代とは思えない古き良き風情が漂う町並みが残っている。それもそのはず、富谷は奥州街道七十二番目の宿場として、江戸時代には大いににぎわっていた宿場町なのである。

陸奥と江戸を結ぶ街道の要衝として、伊達政宗は吉岡宿を設営、その分宿として元和六（一六二〇）年に開かれたのが富谷宿だった。政宗からの命を受けた地元の名主内ヶ崎家が本陣を開宿。以降、内ヶ崎家が代々本陣を務め、天保十三（一八四二）年頃には、二十五業種、七十五もの店が軒を連ね、大変な活況を呈していたという。

内ヶ崎家は、寛文元（一六六一）年に造り酒屋を創業。県内最古の造り酒屋で、酒の銘柄は「鳳陽」。今も宮城県を代表する日本酒となっている。

県道二五六号、富谷しんまち通りと呼ばれる約四百メートルの旧往還には、内ヶ崎酒造の建物や内ヶ崎別邸をはじめ、脇本陣跡の気仙屋など、古い建物が残っている。ゆっくりと街道をそぞろ歩けば、古き味わいのある町並みに気持ちがゆっくりとほどけてゆく。

御休処
こちらは縮小レプリカです
宿札

30

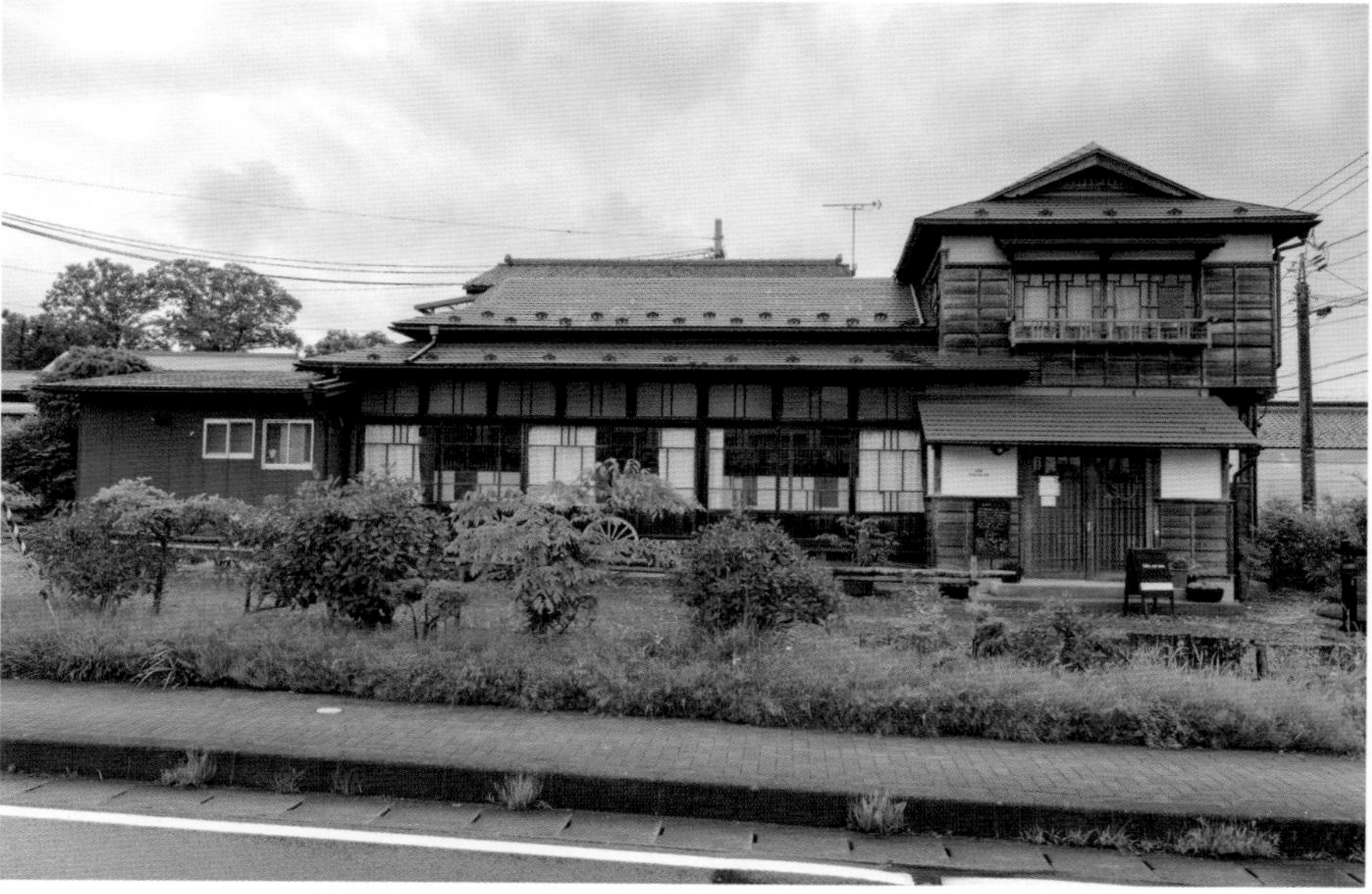

寛文元（1661）年創業、宮城で最古の造り酒屋「内ヶ崎酒造店」

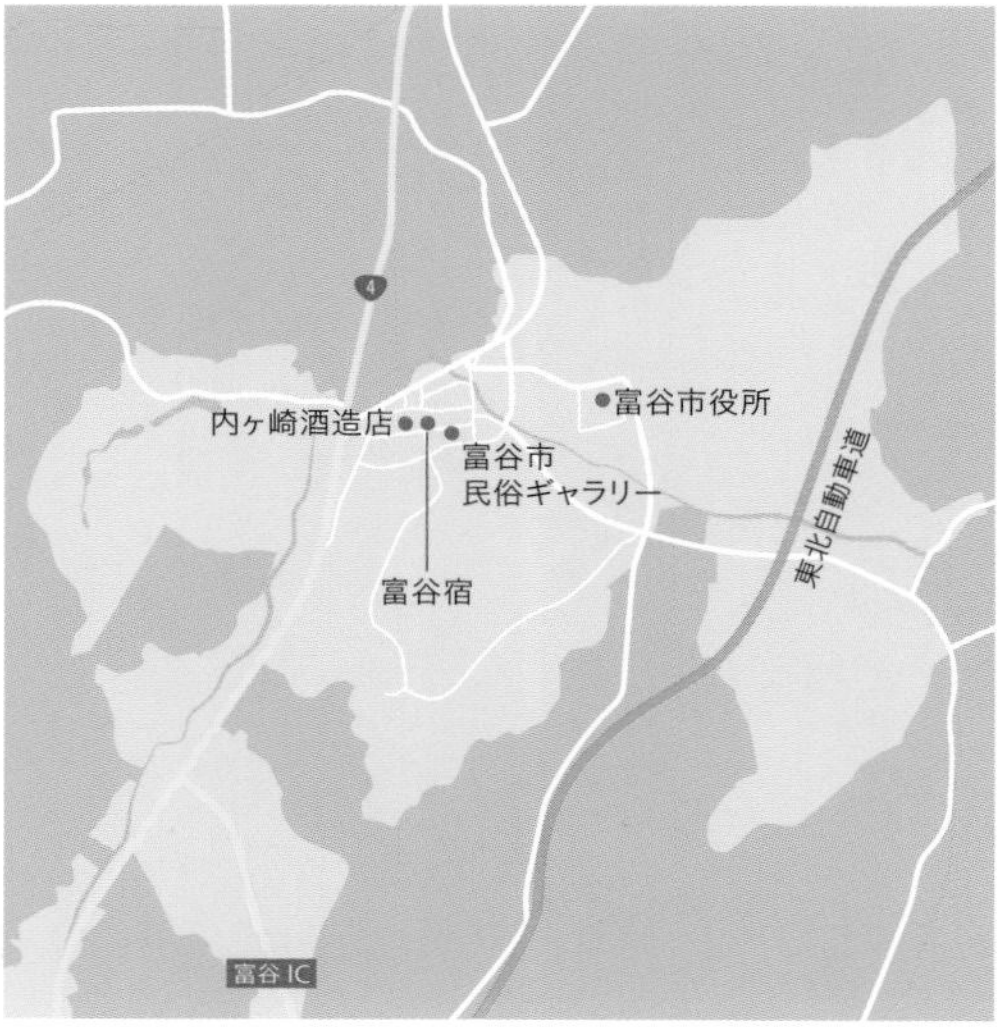

富谷市民俗ギャラリー
住所：富谷市富谷新町95番地（富谷市まちづくり産業交流プラザ3階）
電話：022-358-1531
開館時間：9:30〜16:30
定休：月曜日（祝日の場合は翌日）、12/29〜1/3
観覧料；富谷市民・小学生・中学生は無料、市外一般・大学生：100円、市外高校生：50円（団体割引あり）

★富谷への行き方
仙台北部道路富谷ICより車で約5分

ノスタルジック商店街

一《いち》番《ばん》町《ちょう》商店街（仙台市一番町）
東北一の歴史と規模を誇るアーケード商店街

商業の町仙台の名にふさわしく、仙台には歴史ある大きな商店街がいくつかある。その中でも代表的なのが一番町商店街だ。

JR仙台駅のすぐ近くにあるアーケード商店街に入る。ハピナ名街丁、クリスロードと続く商店街を歩き抜けたところ、南北に伸びるのが一番町商店街である。昭和二十九年、東北初のアーケード街として誕生。以来、何度かの改修を繰り返し、仙台最大の商店街として今もなお大勢の買い物客でにぎわいを見せている。この商店街に来れば何でも揃うと言われるほどお店の数が多い。東北一の歓楽街といわれる国分町も近くにあることから、夜になってもにぎわいをみせる。また、映画の町仙台の名残をその名に継承している「文化横丁」、百軒以上の飲食店が並ぶ「壱《い》弐《ろ》参《は》横丁」など、レトロな横丁があるのも魅力だ。

著名人の
旧宅を訪ねて

土《ど》井《い》晩《ばん》翠《すい》旧宅

高いビルの間にひっそりとたたずむ

明治三十四年に発表された滝廉太郎作曲の「荒城の月」。不朽の名作として多くの人に歌い継がれている。この曲の作詞をしたことで一躍有名になった詩人・土井晩翠。英文学者としての功績も残した彼が、昭和二十四年から八十歳で亡くなる昭和二十七年まで過ごした家が仙台市の青葉区に今も残っている。

土井晩翠（本名・土井林吉《りんきち》）は、明治四年、仙台市北鍛冶町に生まれ東京大学を卒業後、教職につきながら詩などの創作活動を続けた。

現在残っている旧宅は、戦災で蔵書を失った晩翠のために、教え子など市民有志が中心となり建設された邸宅。「晩翠草堂《ばんすいそうどう》」と一般には呼ばれ、家屋はほぼ当時のままに残っており、室内には晩翠の愛用品なども展示されている。

住所　仙台市青葉区大町1-2-2

営業時間　9:00~17:00

休業日　月曜日、年末年始

下《しも》戸《と》沢《ざわ》（白石市小原字下戸沢）

かつての宿場町の風情が残る茅葺民家の集落

宮城県の南部、福島県との県境のすぐ近くに下戸沢はある。かつて、福島と青森をつなぐ羽州街道の宿場町として栄えた集落で、江戸時代には相当なにぎわいをみせていたといわれている。

仙台藩領内には、羽州街道の宿場が七つあった。上戸沢、下戸沢、渡瀬、関、滑津、峠田、湯原。そのため、山形県上山の楢下宿までの街道は七ヶ宿街道とも呼ばれており、出羽の国の大名の参勤交代や出羽三山詣の人々の往来があった街道である。

残念ながら、宿場らしい姿はどこの宿にもほとんど残っていないが、唯一、今なお往時の風情を感じさせるのが下戸沢だ。

集落の中を走る県道をゆっくりと歩いてみる。北から南へ、なだらかな坂になっているその道の両側には茅葺屋根の民家が点在する。それほど数は多くないが、今もなお現役で使われている茅葺民家が並ぶ光景は壮観である。トタンで修復された家もあるが、佇まいそのものが歴史を感じさせる。

県道をそれて脇道に入る。それほど広くない田畑が広がり、その中に茅葺の家がポツンと建っている。おそらく、二百年以上も前から変わらぬ景色なのだろうと思うと不思議な気分になってくる。

下戸沢から三キロほど離れたところに上戸沢集落がある。双子宿ともいえる関係だが、上戸沢集落にもかつては茅葺民家が数多くあり、実際昭和五十一年に国の重要伝統的建造物群の指定を目指したが実現できず、その後の反動で、古い家の建て替えや修繕が進み、多くの茅葺民家が失われてしまったという。それに対して下戸沢は、重伝建とはまったく縁がなかったおかげで、粛々と日々の暮らしが紡がれ、昔と変わらない姿のままの家々が残ったのかもしれない。

江戸時代末期、長州藩を脱藩した吉田松陰がこの下戸沢宿に宿泊したという話が残っている。茅葺民家が並ぶ街道を吉田松陰が疾走している姿が、ぼんやりと浮かんでくる。

いつみや

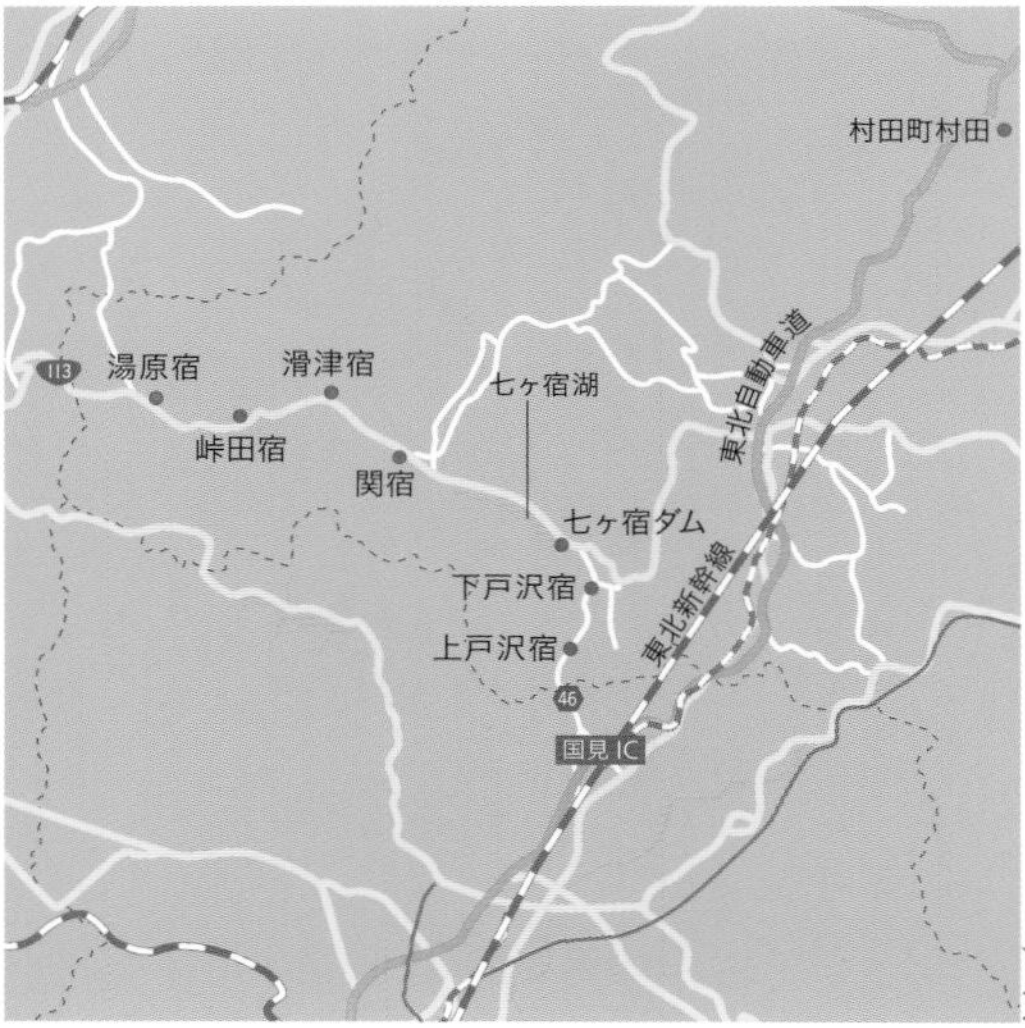

★下戸沢への行き方
東北自動車道国見ICより車で約15分

重要伝統的建造物群保存地区

村田町村田（商家町）

平成26年9月18日選定

県南に位置し、仙台市等と隣接する村田町。江戸時代、伊達氏の家臣が村田館《むらたたて》を築き、村田殿と称されたことが地名の由来になっているといわれる。仙南地域の交通の要衝・商業活動の中心地として栄えた。江戸時代後期には水運を生かして、京都・大阪・江戸との紅花交易を積極的に進め、紅花の集積地として村田は繁栄。富を得た商人たちの多くが蔵を建てたという。それらの蔵は現在も残っており、町の中心部に蔵の街並みを見ることができる。「店蔵《たなぐら》」と呼ばれる土蔵造りの店舗と豪壮な表門とが並ぶ街並みは、一見の価値ありだ。

山形

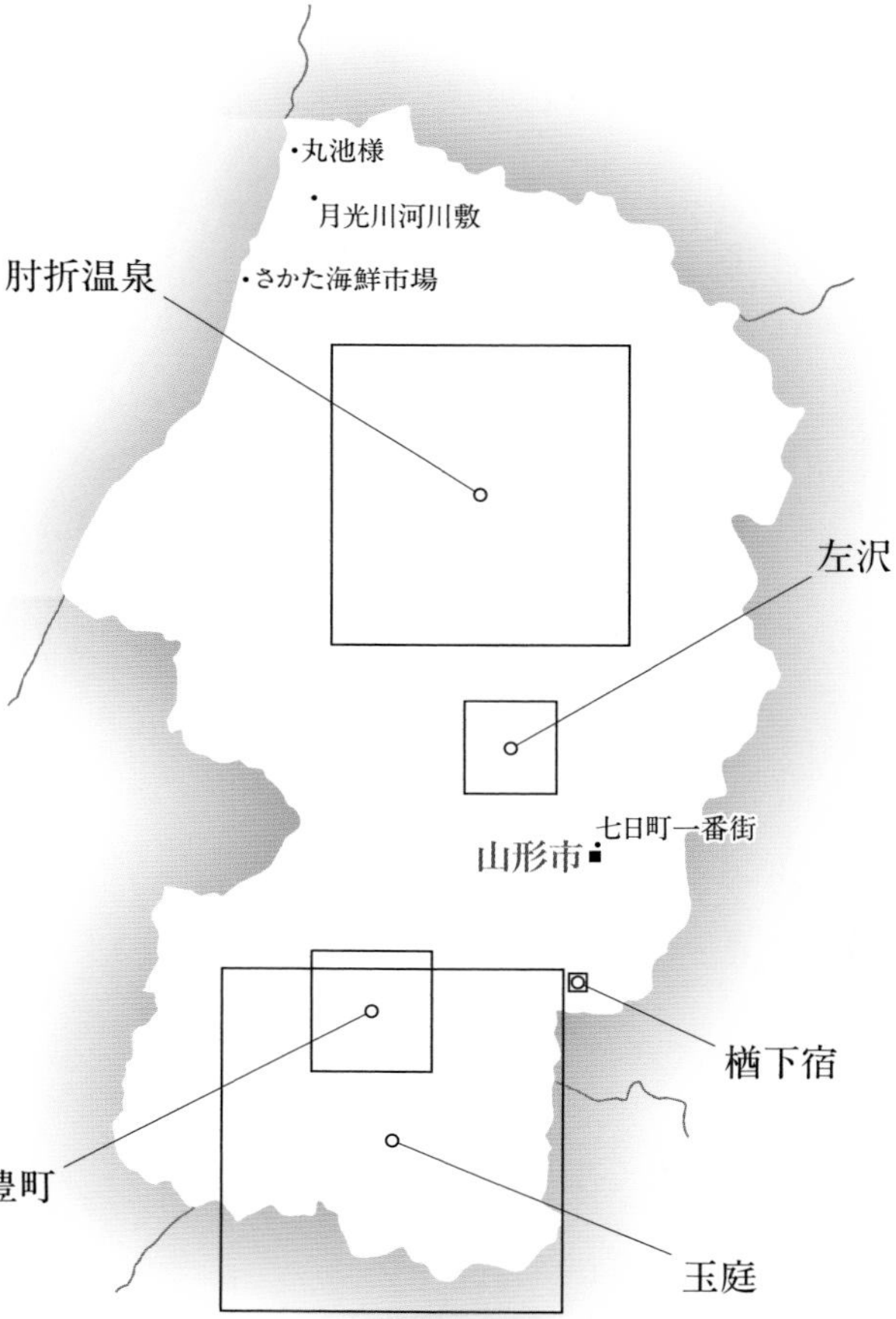

肘《ひじ》折《おり》温泉（最上郡大蔵村肘折）

月山《がっさん》の麓にある歴史ある湯治場

山形県のほぼ中央にある大蔵村。人口約三千人の小さな村だが、南方の霊峰月山をはじめとする山々に囲まれ、豊かな自然と田園風景が魅力の美しい村である。日本でも有数の豪雪地帯ゆえ、冬になれば厚い雪に覆われてしまうが、その白一色の世界もまた大蔵村の魅力のひとつといえようか。

「西の伊勢参り、東の奥参り」といわれ、月山を含む出羽三山（他は湯殿山、羽黒山）参りが盛んであった江戸時代、大蔵村は月山に向かう人々が通る村だった。なかでも月山に入る前に身体を清めるために、多くの旅人が立ち寄ったのが肘折温泉だった。南北に長い大蔵村のほぼ中心部にある古湯である。

開湯は平安時代にあたる約千二百年前、大同二（八〇七）年といわれている。老僧が肘を折って苦しんでいたところ、肘折の湯につかったらすぐに肘が治ったという言い伝えがある。骨折の他、切り傷、リウマチ、胃腸病、皮膚病に効能があるとされ、昔から近隣の人々が農繁期の疲れを癒したり、遠方から来る人々の湯治場としてにぎわっていた。大蔵村を流れる銅山川沿いには温泉宿が軒を連ね、今もなお多くの湯治客が温泉街を行き来している。

湯治場なので、自炊場を設けている旅館も多い。毎朝開かれる朝市で、地元の新鮮な食材を買い求め、食事のしたくをするなど、昔ながらの湯治場の習慣が今も残っている。立ち並ぶ旅館もほとんどが古い木造の宿で、温泉街を歩いていると幾時代も前に時間が遡ってしまったような錯覚を感じてしまう。冬になれば、雪が舞い、さらに幻想的な佇まいを見せるようになる。

大蔵村にほど近い上山市出身の歌人・斎藤茂吉は、戦火の東京から郷里に疎開した際に、肘折温泉を訪れたという。二泊三日という短い逗留だったが、肘折温泉で飲んだ炭酸水のことなどを題材にいくつかの句を詠んだ。その時の自筆の短冊は、松井旅館という温泉旅館に今も残っている。斎藤茂吉以外にも、数多くの歌人が肘折温泉を訪れた。

月山の麓にひっそりと佇む温泉街の風情が、多くの人々を惹きつけてやまないのだろう。

天寿泉
松井旅館
三浦屋旅館
おみやげ
ほていや
まんじゅう

元河原湯
かわらゆ
アイスコーヒー

局便郵折肘
肘折郵便局
肘折郵便局
POST

MALUYAHOTEL
HIJIORIONSEN
やど

熱烈歓迎
亀屋
廣野医院
西本屋
丸屋
やど

肘折伝統
こけし
郷土民芸とおみやげ品
福
福木屋
地酒

肘折温泉
三春屋
☎76-2261
おみやげ
肘折名物
ほていまんじゅう
ほていや
製造販売元
ほていまんじゅう
製造販売元
肘折名物

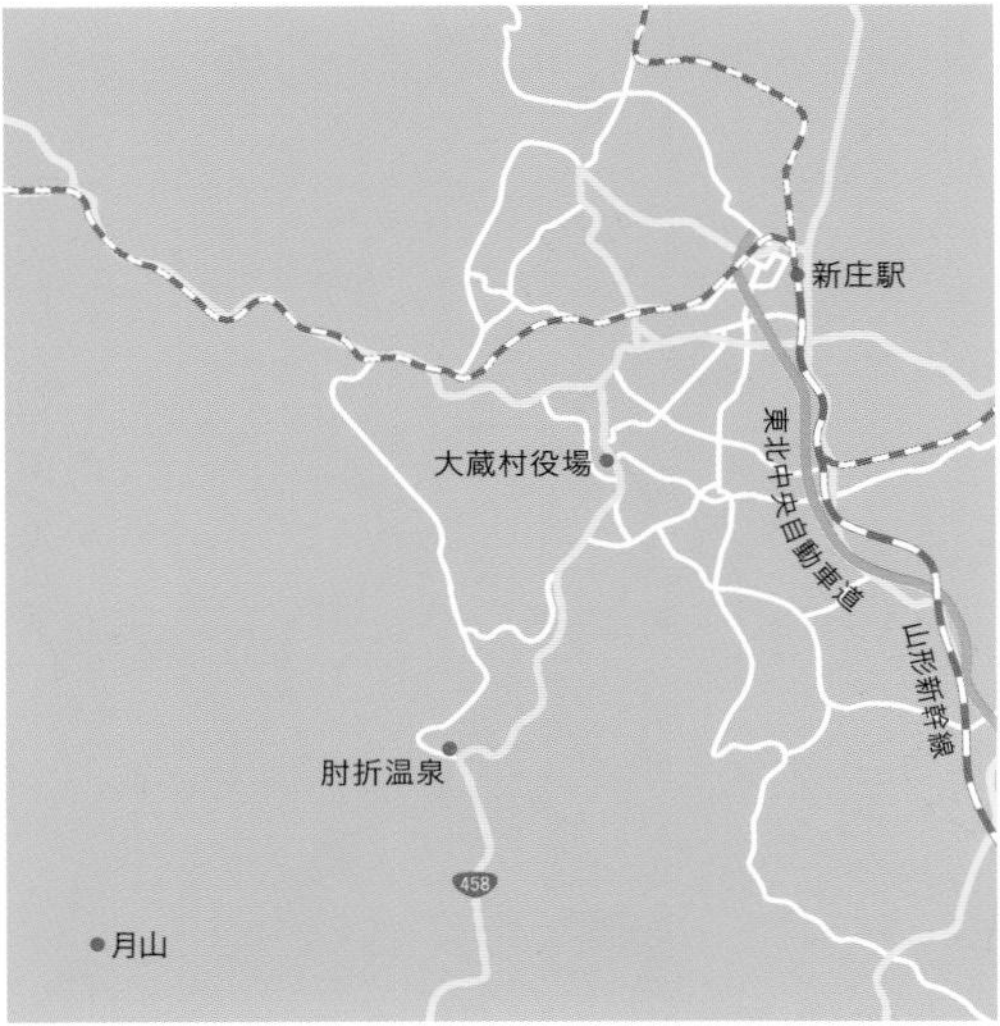

★肘折温泉への行き方
JR新庄駅よりバスで約1時間肘折温泉郷下車
東北中央自動車道舟形ICより車で約30分

名画名作の舞台を訪ねて

『おくりびと』（酒田市）

映画　滝田洋一郎監督・二〇〇八年

主人公の心の陰影を映し出した酒田の懐かしく美しい風景

亡くなった人を棺に納めることを生業とする納棺師《のうかんし》。ちょっとした勘違いからこの仕事に就いた主人公が、様々な経験を通して独自の死生観や人生観を獲得し、妻や肉親との間に新たな絆を紡いでいく様子を描いた映画が『おくりびと』である。主人公を演じるのは本木雅弘。『納棺夫日記』（青木新門・著）を読んで感銘を受けた本木が、自ら奔走して映画化にこぎつけたといわれる。

プロのチェロ演奏家だった主人公が、楽団の解散とともに東京を離れて戻ってきたのが山形県酒田市である。主人公の故郷という設定になっている。映画のほぼ全編が酒田を舞台にしており、ロケ地としてさまざまな酒田の場所が登場する。なかでも圧巻なのは、鳥海山を背景にした月光川付近の映像。山形を代表する鳥海山を借景にした美しい風景は、死に対峙する主人公の心の静謐を見事に表現している。

平成二十年公開で、直後はさほど話題にならなかったが、翌年、アカデミー賞で外国語映画賞を受賞すると一気に注目され、大ヒット作となった。同年、日本アカデミー賞でも作品賞をはじめ十部門で最優秀賞を受賞した。

酒田市内のロケ地跡には、今も「おくりびとロケ地」の看板が掲げられており、酒田観光の目玉の一つになっているようだ。

酒田市を流れる月光川の河川敷。主人公が鳥海山をバックにチェロを弾くシーンなど、いくつかの印象的な場面の撮影地となっている

主人公が勤める会社「NKエージェント」のオフィス外観として使われた旧割烹小幡という料亭があった場所。現在は、取り壊され新しいビルが建っている。また、その近くの石畳の道は、主人公の幼少期の回想のシーン の中で使われている

主人公が酒田市内を車で移動する際などの背景として、効果的に使われていた山居倉庫

コラム

丸池様

瑠璃色に輝く原始林の中にある神池

鳥海山の麓、遊佐町に「丸池様」と呼ばれる池がある。ここ数年、じわじわと人気を集めているようで、SNSなどで数多く紹介されているらしい。

JR吹浦駅から車で約五分。鳥海山と庄内平野のちょうど境にある牛渡川。その川のそばに広がる原始林の中に丸池様はあった。近づくにつれ、陽の光を受けてきらきらと輝く水面が見えてくる。もっと近寄ると、瑠璃色に光る池の全容が見えてきた。周囲の原始林の木々と相まって、幻想的に浮かび上がってくる。

丸池様とは、鳥海山大物忌《おおものいみ》神社の末社である丸池神社のことであり、池そのものが御神体として崇敬されてきたらしい。少し離れたところに丸池神社の小さな本殿があり、神池を拝むような形で配置されている。池を含めたこのあたり一帯が丸池神社の境内になっているようだ。江戸時代にも、地元の風流人たちが訪れていたという記録が残っているので、丸池様の人気は今に始まったことではないらしい。

境内には原始林特有の冷気が広がり、鳥海山からの風が時折吹き抜け、池の周りの木々が揺れる。水面に映る木々の影、それが影絵のように動き出す。池は直径約二十メートル、およそ十分ほどの幻想体験が味わえる。

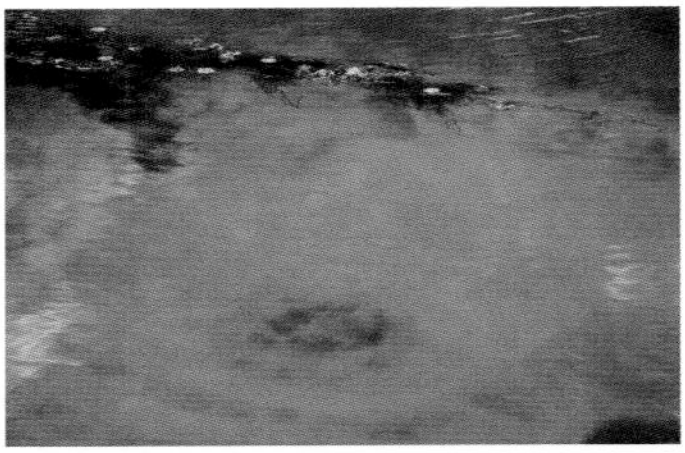

★丸池様（丸池神社）

住所　飽海郡遊佐町直世荒川57

アクセス　JR吹浦駅から車で5分

日本海東北自動車道　酒田みなとICから車で25分

わが町自慢の市場食堂

海鮮どんや　とびしま（酒田市船場町2-5-10）

庄内浜の新鮮な魚を味わう食事処

酒田は最上川の河口に位置し、古くから船運の拠点として栄え「西の堺、東の酒田」と呼ばれるほどの隆盛を極めた。その酒田港のすぐそばにあり、地元の人たちはもちろん、観光客でにぎわいを見せているのがさかた海鮮市場だ。日本海で水揚げされた新鮮な魚を中心に、様々な魚介類や加工品が購入できる。

二階にある食事処、とびしまでは、酒田港を一望できる贅沢なロケーションで新鮮な魚を使った海鮮丼や定食、舟盛りを楽しむことができる。店名は酒田港の沖に浮かぶ「飛島」から。島までは定期船「とびしま」が運航されている。

営業時間　7時〜9時、11時〜17時　不定休

左沢《あてらざわ》（最上郡大蔵村肘折）

最上川舟運で栄えた川港の町

江戸時代、上方や江戸とをつなぐ西廻航路の港として栄えた酒田。その酒田と内陸の米沢をつなぐ最上川舟運航路が開かれたのは元禄七（一六九四）年のこと。以来、最上川流域の各地域はその恩恵を受けて大いに隆盛した。そのなかの一つが、山形県のほぼ中央、村山平野の西にある大江町左沢である。元禄期には米沢舟屋敷が置かれるなど、大変なにぎわいを見せていたという。

さらに左沢は、街道が集まる陸路交通の要衝でもあったため人の往来も多く、造り酒屋や大問屋をはじめ、領内の豪商が軒を並べた。町屋も数多くつくられ、江戸時代のままに残る原町通りなどには、往時の繁栄を忍ばせる面影が今もしっかり残っている。この左沢の町場は、県内で初めて重要文化的景観の指定を受けた。

左沢駅の北側の高台にある楯山城史跡公園に足を運んでみる。ここは地元の豪族大江氏の城があった場所だ。頂上から眼下に最上川を見る。大きくうねるように迂回する雄大な流れに圧倒される。さらに遠くを見れば、朝日連峰や蔵王の山々が眺望できる。

誰が名付けたのか知らないが、この公園、別名日本一公園と呼ばれているとか。たしかに、日本一の最上川の絶景を堪能することができる。

釣具の荒木 TEL.62-2636

安彦こうじ店

大江町歴史民俗資料館
住所：西村山郡大江町大字本郷丁373-1
電話：0237－62－3666
開館時間：9:00〜17:00
定休：第2・4火曜日、年末年始
入館料：大人100円、学生50円、小人30円（団体割引あり）

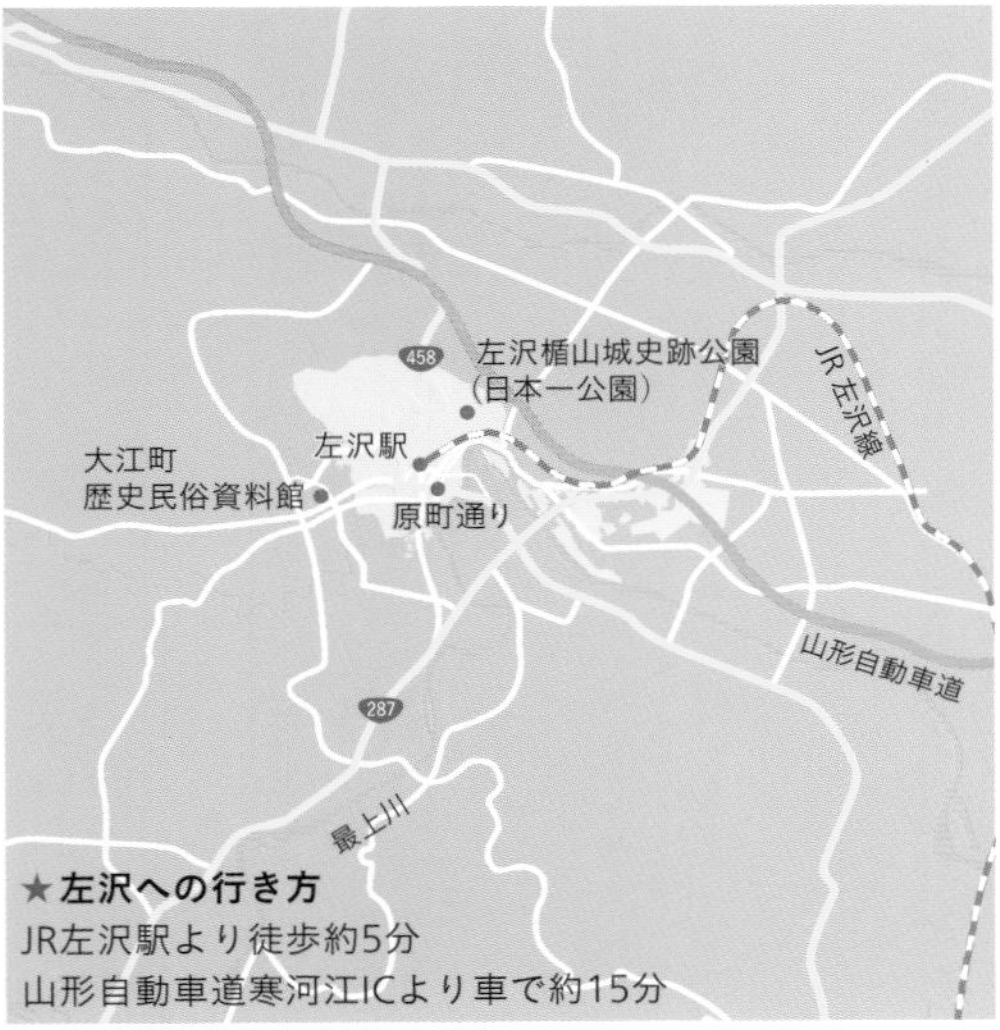

★左沢への行き方
JR左沢駅より徒歩約5分
山形自動車道寒河江ICより車で約15分

おすすめランチ

●ハンバーグセット
親しみやすいアットホームな店構えながら、メニューは白身魚のポワレやビーフステーキなどを取り揃える本格派。写真は店名を冠した桃花水ハンバーグ。

「レストラン桃花水」
大江町左沢2137-1

ノスタルジック商店街

七《なぬ》日《か》町《まち》一番街（山形市七日町）

江戸時代には街道の入り口だった瀟洒な商店街

山形市街の目抜き通りともいえる七日町大通りから少し入ったところにあるのが七日町一番街だ。もともとは、山形と仙台を結ぶ笹谷街道の山形側の入り口だったところで、実際、今も街路が鉤型に曲がっているなど、往時の面影をわずかに残している。江戸時代には、参勤交代のルートしてにぎわっていたといわれている。

現在の街路は、平成六年に改装されたもので、タイルが敷き詰められた約二百メートルほどの通りの両側には、ブティックや飲食店が並んでいる。なかでもそのレトロな佇まいがひときわ目をひくのが喫茶店「煉瓦屋」。昭和四十年代から五十年以上この地で営業をしている老舗だ。休日ともなれば店内はいつも満席、時折行列もできる。タイル敷きのお洒落な通りをそぞろ歩きながら、老舗の珈琲店で一息つく。ゆっくりとした時間を過ごせる商店街だ。

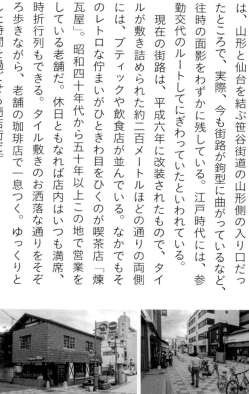

楢下宿《ならげしゅく》（上山市楢下）

茅葺古民家が残る羽州街道の小さな宿駅

江戸時代、羽州街道の宿場町としてにぎわったのが楢下宿である。羽州街道は、福島県の桑折《こおり》で奥州街道を分かれ、宮城県の七ヶ宿を通り、上山、新庄、秋田、弘前の城下町を結び青森につながる。重要な交通の要所となっていたため、日本海側の十三の藩がこの宿場を利用した。小さな宿場だったが、二十数軒の旅籠に本陣、脇本陣、問屋もあり、出羽国最初の宿駅として多くの人々が行き来した。参勤交代はもとより、出羽三山詣りの旅人たちも立ち寄った。

それにしても、往時の街道の歴史を感じさせる景観がこれだけしっかりと残っている宿場もめずらしい。昔のままの町割に、築二百年以上の茅葺古民家がどっしりと迫力あるたたずまいを見せている。庄内藩が脇本陣として使用した「庄内屋」や「滝沢屋」のほか、現在資料館となっている「大黒屋」、「山田屋」、「旧武田家」など、江戸時代のままの姿を見ることができる。集落の中を流れる金山川には、明治時代に作られた石造りの眼鏡橋がかかっている。

羽州街道の小さな宿場町、楢下宿。冬には茅葺屋根の上に雪がつもり、旅情豊かな風景を見せてくれる。

ご自由に
ご覧下さい

滝沢屋
住所：上山市楢下乗馬場1759-1
電話：023-674-3125
営業時間：9:00～16:45
定休：水曜、年末年始
入館料：一般220円、学生160円、小人50円

★楢下宿への行き方
JRかみのやま温泉駅より車で約20分
東北中央自動車道かみのやま温泉ICより車で約15分

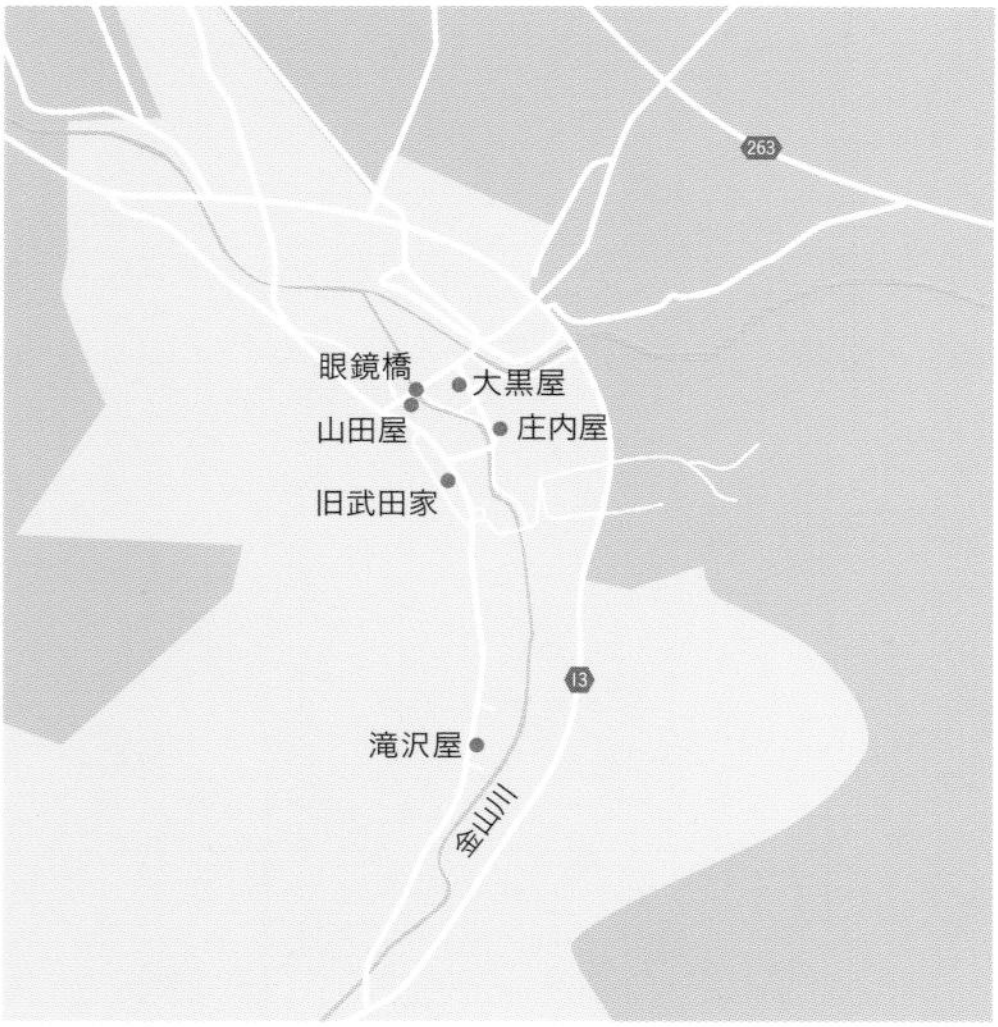

おすすめランチ

●こんにゃく懐石
創業60年以上の老舗が直営する「こんにゃく番所」では、オリジナルのアレンジが加えられたこんにゃく懐石料理が楽しめる。肉や麺に見えるのもすべてこんにゃく。見た目と味で二度驚かされる。

「こんにゃく番所」
上山市皆沢字諏訪前608-1

祭

加勢鳥（かせどり）

「加勢鳥」は、上山地方で江戸時代から続く旧暦小正月の民俗行事。五穀豊穣、家運隆盛をもたらす歳神様である「加勢鳥」が人々の元を訪れるというもので、秋田のなまはげ等と同じく来訪行事のひとつである。

藁蓑をまとい、加勢鳥に扮した若者たちが「カッカッカー」と奇声を発しながら演舞を繰り返す。見物人たちは加勢鳥の頭部に手ぬぐいやタオルを巻きつけ、一年の幸福を願いながら祝い水をかけることで行事に参加できる。

開催時期 毎年2月11日
開催場所 上山市城内・上山城門前〜市内

写真提供：上山市

玉庭《たまにわ》（川西町玉庭）

田園と茅葺民家、忘れ得ぬ農村の原風景

何気なく通りかかった場所で、忘れられぬ風景に出会うことがある。山形県川西町の玉庭という小さな農村集落は、そんな場所の一つだった。点在する茅葺民家と広がる田園風景、その見事な構図にしばし時間を忘れて見入ってしまった。

川西町は、山形県南部、置賜盆地のほぼ中央にあり、人口約一万五千人の小さな町である。この町の南、米沢市と隣接するのが玉庭地区である。

玉庭地区を走る県道八号線を米沢方面へ南下していた。玉庭小学校あたりから左手に広がる田園地帯。走り続けていると、ポツンポツンと茅葺民家が現れ始めた。多くが東北特有の曲家づくり民家で、しっかりした土蔵も散見された。水田の中に、ほんとにポツンと建つ茅葺民家の佇まいに、東北の農村の原風景を見るかのようだった。少し急がねばならなかったのに、何度も車を停めて、田園と茅葺民家を眺めてしまった。

米沢市と福島をつなぐ国道一二一号に出るまで、約八キロ、時間にしてわずか二十分程度だったが、忘れ得ぬ旅の風景として今も記憶に残っている。

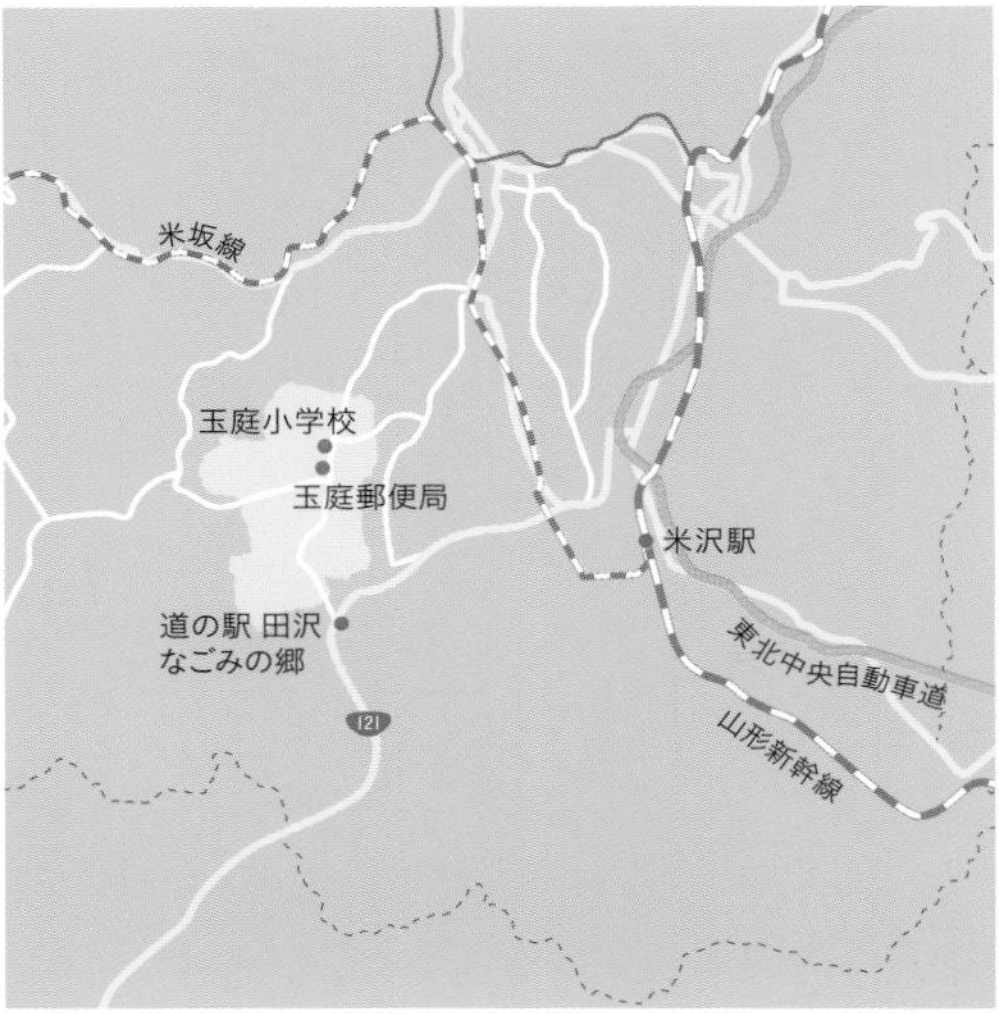

道の駅　田沢 なごみの郷
住所：米沢市大字入田沢573-19
電話：0238-31-2753
営業時間：9:00～18:00、12月-2月は17:00まで（食堂は別、要問い合わせ）
定休：1/1

★玉庭への行き方
東北中央自動車道米沢北ICより車で約20分

飯豊町《いいでまち》（西置賜郡飯豊町）

四季折々に姿をかえる美しき散居村

山形県の南西部にある飯豊山《いいでさん》。「飯」という文字が使われているため、古くから稲作信仰の対象になってきた。麓には広大な扇状地が広がっており、冬は県内でも一、二を争う豪雪地帯となる。だが逆にそれが豊かな水をこの地にもたらし、古くから稲作の盛んな場所として知られてきた。

冬の豪雪のほかに、この地の人々を悩ませたのが山から吹き降ろす強い風である。毎日のように寒風ふきすさび、家屋はもちろん日々の暮らしをも苦しめた。そこで、それらの風雪を防ぐために植えたのが屋敷林である。家の敷地内、特に冬に風が吹き込む西側に落葉しない針葉樹を植え、南側に葉が落ちる落葉樹を植えた。これで冬は温かく、夏は涼しい住環境をつくった。田園に屋敷林が点在する「散居集落」はこうしてできあがったのである。屋敷林は、燃料の不足を補うために枝を切る「影切り」や、秋に収穫された稲束をかける「稲掛け」として利用されるなど、農村生活には欠かせないものとなっている。

今もなおこの散居集落がしっかりと残っているのが飯豊町の荻生地区と中地区である。千二百ヘクタールの広さの田園に広がる散居集落の独特の景観は、見る者を圧倒する。

本格的な田植えが始まる五月、水田には屋敷林に囲まれた家が湖に浮かぶ小島のように映る。夏は壮大な緑の絨毯が広がり、秋になれば黄金色の稲穂が海の波のように揺れる。冬は一転して色の消えた世界。雪が田園を多い、水墨画のような風景が広がる。四季折々の美しさが目の前に広がる。

飯豊町の二つの地区には展望台が設けられており、遠く広がる散居集落を眺めることができる。だが、展望台だけではなく、ぜひ、実際に田園に降り立ち、散居集落の間を歩いてみてほしい。遠く、飯豊連峰を見やりながら、田んぼのあぜ道をゆっくりと歩けば、かすかに感じる田園の香りと吹き抜ける風に、心がじんわりと癒されていくのがわかる。森林浴ならぬ田園浴とでも言おうか。

冬、白と黒の世界になる前、緑の季節に、一度足を運んでみてはいかがだろうか。

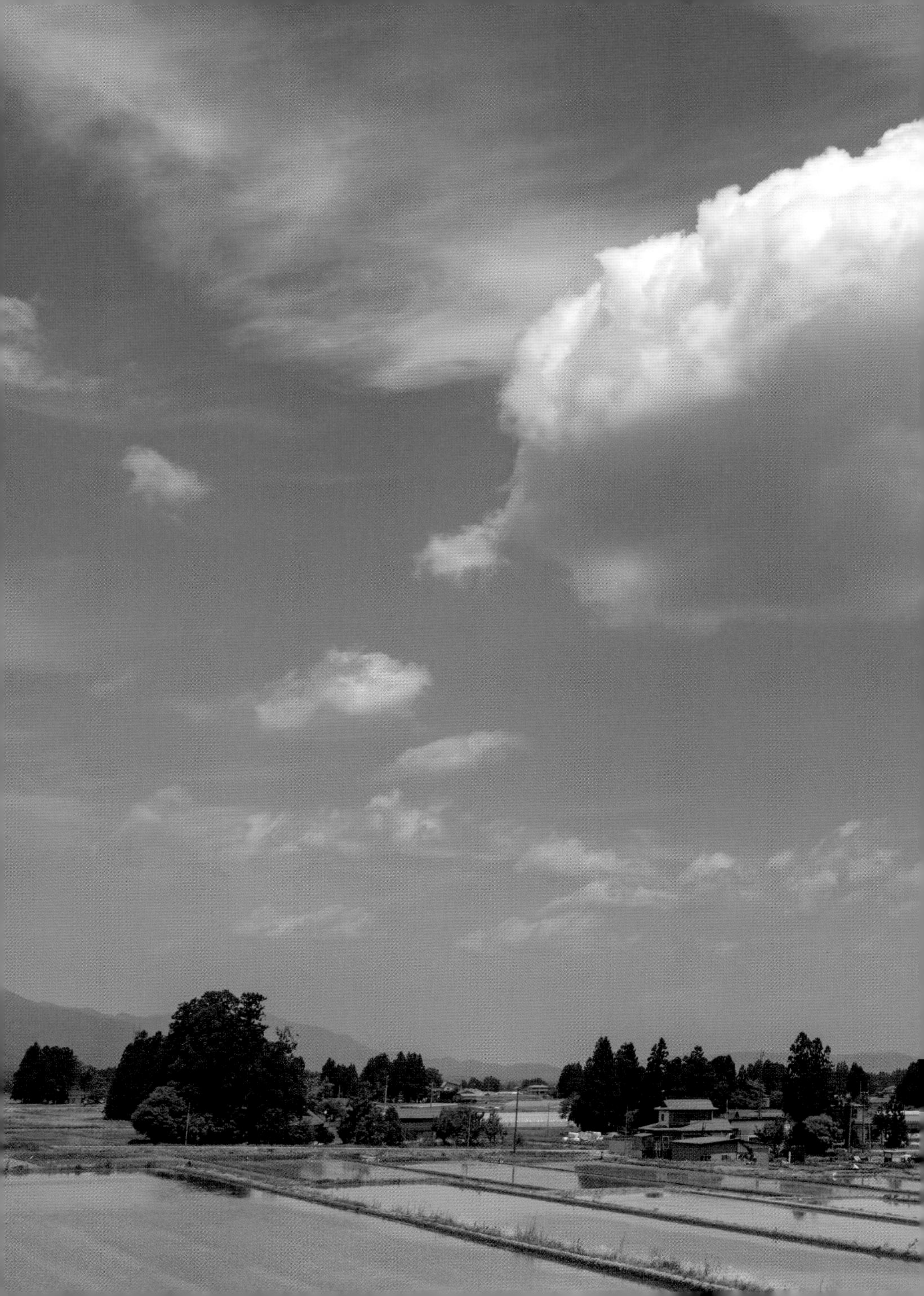

おすすめランチ

●山菜とベーコンのピッツア

のどかな田園風景の中、地元の素材にこだわった本格的なイタリアンが味わえるお店。手作りの生地とソースを使い、石窯で焼き上げるカリカリのピッツアは絶品だ。

「農家レストラン エルベ」
飯豊町萩生3549-1

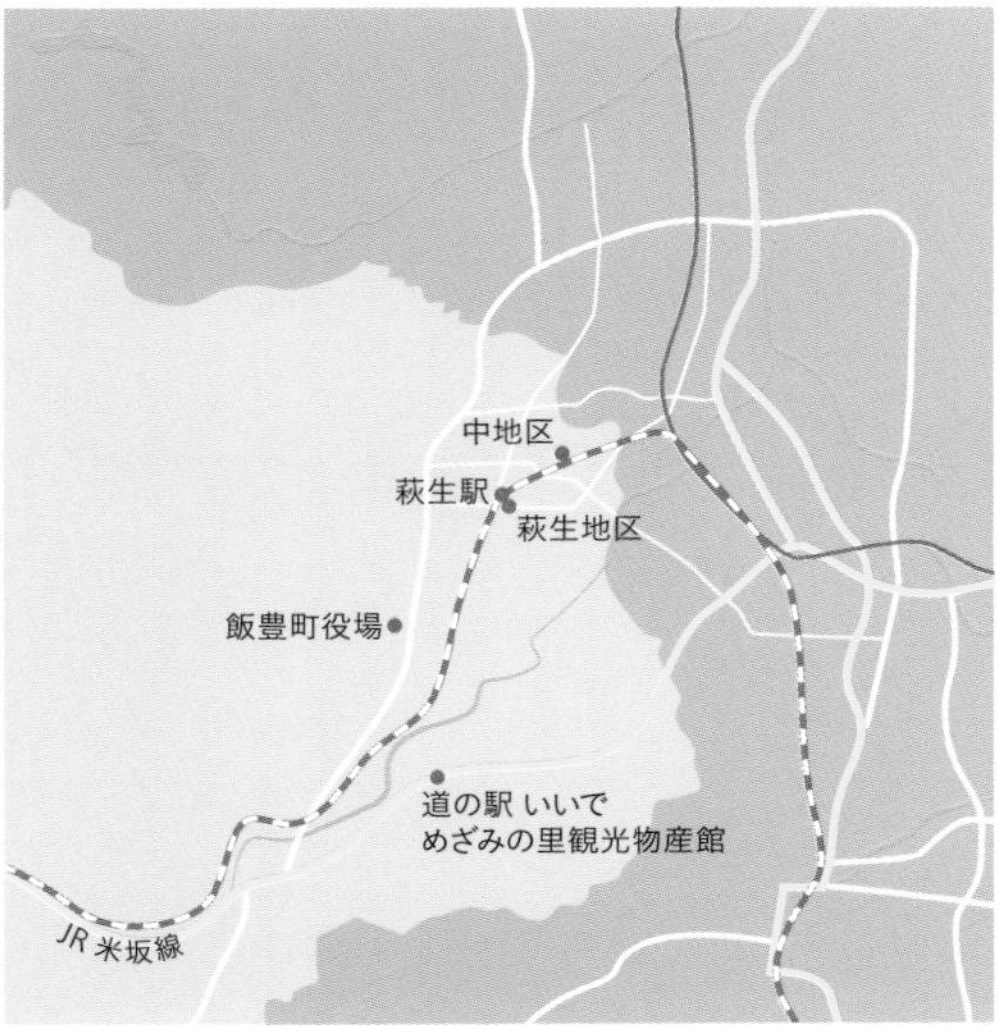

道の駅いいで　めざみの里観光物産館
住所：西置賜郡飯豊町大字松原1898
電話：0238-86-3939
営業時間：9:00～18:00（4月-10月）、9:00～17:00（11月）、10:00～17:00（12-3月）（レストランコーナーは別、要問い合わせ）
定休：12/31、1/1（12月-3月休館日あり、要問い合わせ）

★飯豊町への行き方
JR米坂線萩生駅より徒歩5分
東北中央自動車道米沢北ICより車で約30分

福島

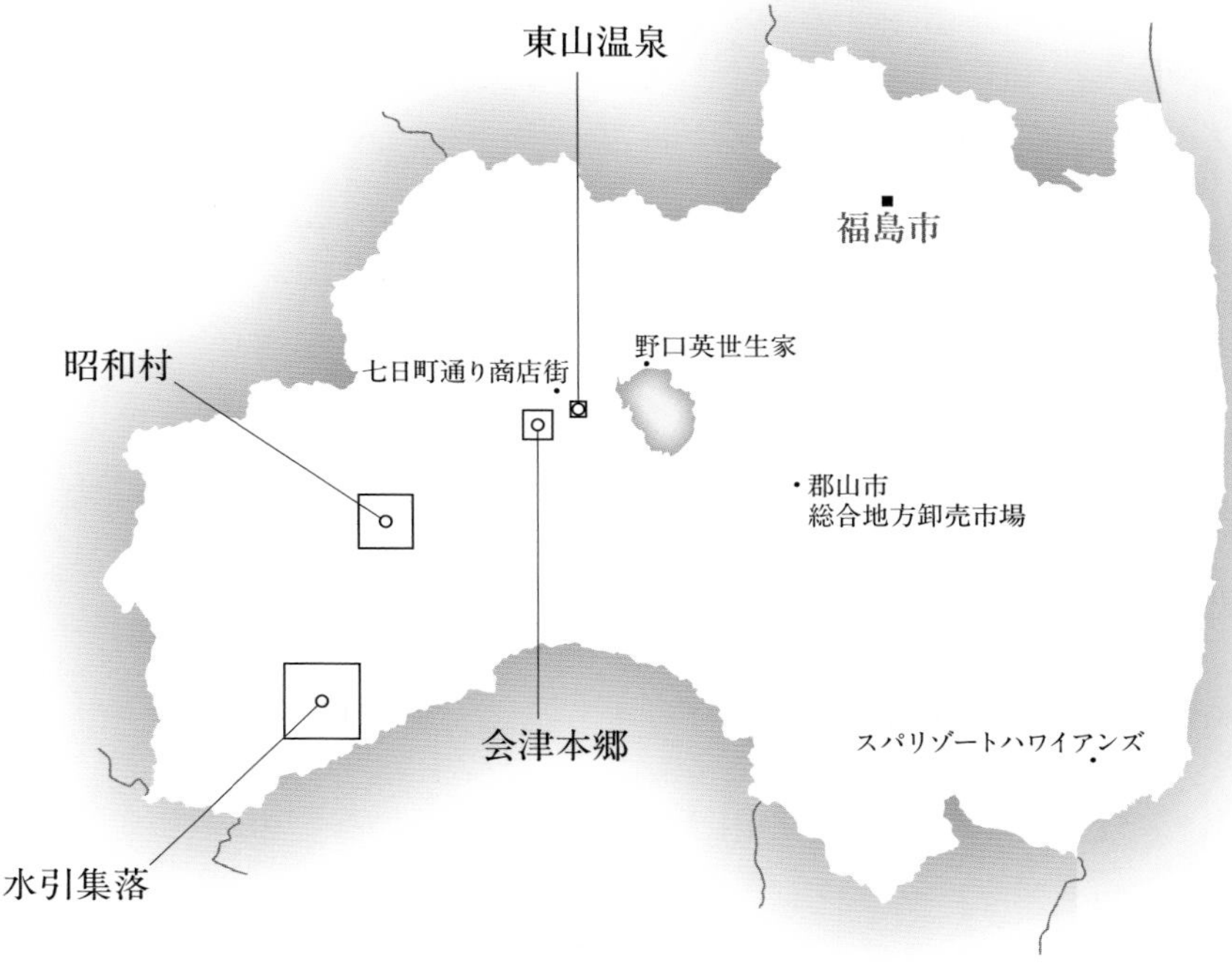
東山温泉
福島市
野口英世生家
七日町通り商店街
昭和村
郡山市
総合地方卸売市場
会津本郷
スパリゾートハワイアンズ
水引集落

東山《ひがしやま》温泉（会津若松市東山町）

開湯千三百年、大正ロマンの名残りを留める温泉街

会津若松市の中心街から車でわずか十分、渓流の美しい湯川《ゆがわ》沿いに、奥羽三楽郷のひとつ東山温泉がある。伝承によれば、今から約千三百年前の八世紀後半頃、名僧行基《ぎょうき》が会津を訪れた際、湯川の上流から紫雲がたなびくのを見てそれを道標に川を遡っていった。すると不思議な色の羽をした三本足の烏が現れ、木から木へと飛び移りながらあたかも誘導するような動きをする。行基がそれに導かれて進んでゆくと、岩間に盛んに立ち昇る湯気を発見し、これが霊泉であると感得し、開湯したと伝えられる。

その後、江戸時代には会津藩の湯治場として栄え、会津若松の奥座敷として発展した。有名な会津の民謡『会津磐梯山』に登場する小原庄助さんが毎日朝湯を楽しんだのは、ここ東山温泉だといわれている（尤も庄助さんが実在の人物だったかどうかは不明）。

温泉街は湯川沿いに温泉宿、旅館が二十軒以上建ち並び、数奇屋作りの建物や射的場など懐かしい雰囲気が漂う。湯量は毎分一五〇〇リットルと豊富。現在も「からり

妓さん」と呼ばれる温泉芸妓がおり、ノスタルジックな温泉街に彩りを添えている。

古くは豊臣秀吉や伊達政宗、蒲生《がもう》氏郷《うじさと》などの戦国武将が訪れ、幕末には土方歳三が戊辰戦争で負った傷を癒した東山温泉は、その後文壇の人々にも愛された。

大正ロマンの美人画で名高い竹久夢二は、会津藩松平家の別荘だった新滝旅館をこよなく愛し、三十代から何度も逗留した。「とんぼ」という芸妓をモデルに絵も残しており、新滝橋のたもとには『宵待草』の詩を刻んだ碑が立っている。

また、与謝野晶子も明治四十四年この地に来遊し、新滝旅館に宿をとって旅の心を休めた。さらにその後二十年以上経った昭和十一年、娘たちと一緒に再び東山温泉を訪れ、その情趣を愛でた作品をいくつも残した。この時に歌った「湯の川の　第一橋をわがこゆる　秋の夕のひがし山かな」という歌が碑に刻まれている。

一つ気付いたのだが、東山温泉には「新滝」の他にも「滝」のつく名の旅館が多い。会津藩指定保養所だった「向滝」、土方歳三が傷を癒した源泉を持つ「不動滝」、他に「庄助の宿　瀧の湯」「原瀧」「千代滝」など。東山温泉の旅館の多くは、客間から湯川の渓流のせせらぎが聞こえる。その湯川には多くの滝があることからだと言われている。

古くからの街が時代とともに廃れ、あるいは新しく生まれ変わる中、昔ながらの温泉情緒が今も変わらず生きている貴重な温泉街。どの宿も、歴史と各時代に生まれたさまざまな物語を大切にしつつ、新しい時代の要求にも応えようとする努力が伺え、宿の個性と違いを楽しみながら何度でも行きたくなる温泉である。

せせらぎの音がさわやかな湯川

なつかしい射的場

★**東山温泉への行き方**
磐越自動車道磐梯河東ICより車で約25分

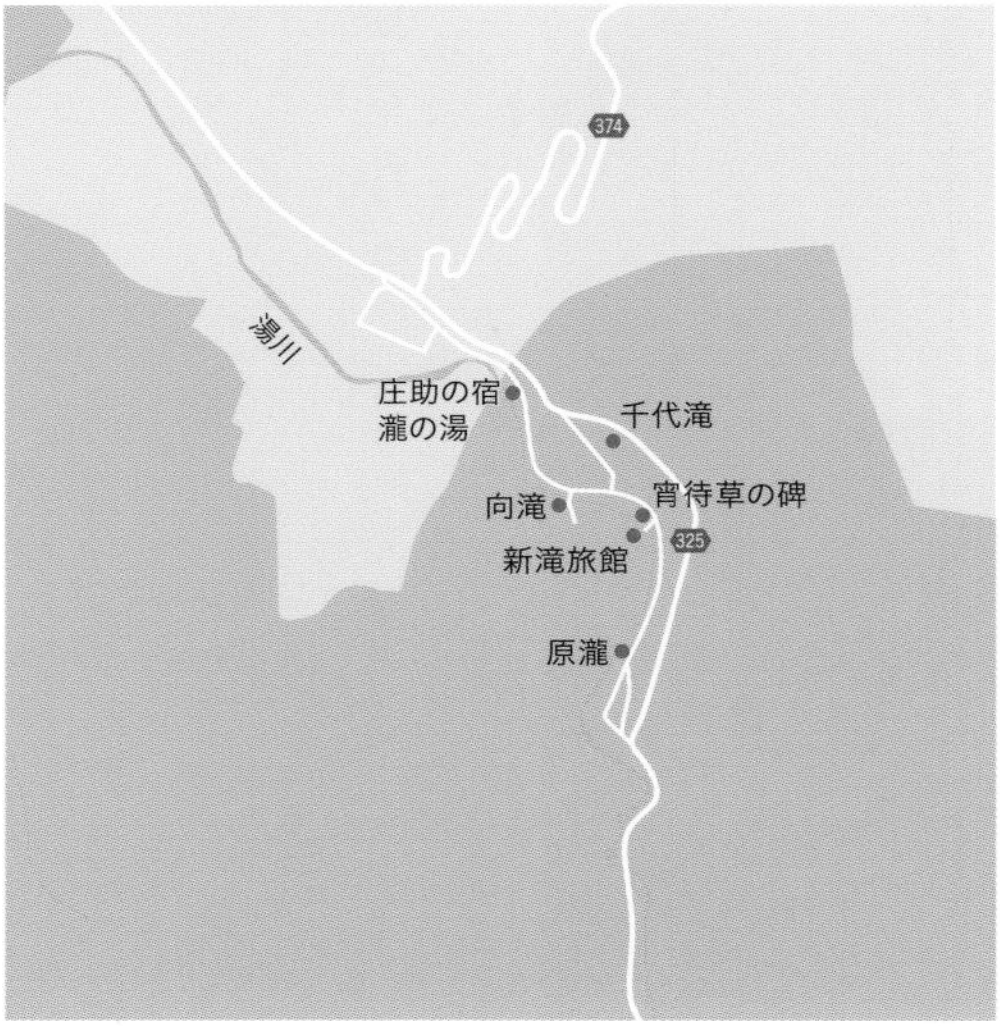

おすすめランチ

●ソースカツ丼

会津若松で愛されるB級グルメといえばソースカツ丼。東山温泉にも名店が二つあり、そのひとつが卯之家。さっぱりヒレとジューシーなロースが選べる。カツは丼の蓋からはみ出すほどのボリューム。ソースのコクとキャベツのハーモニーが絶妙だ。

「卯之家」
会津若松市東山町湯本寺屋敷40

著名人の生家を訪ねて

野口《のぐち》英世《ひでよ》生家

医学の道を志すきっかけとなった大火傷を負った囲炉裏が残る

黄熱病の研究で知られる医師で細菌学者・野口英世は、明治九年、福島県猪苗代の貧しい農家に生まれた。一歳半の時に、囲炉裏に落ちて左手に大火傷を負う。だが十六歳の時、教師や同級生らが彼の左手を治す手術費用を集める募金をしてくれた。手術は成功し、不自由ながらもなんとか左手の指が使えるようになる。この左手は生涯完治することはなかったが、英世はこの手術により医学の素晴らしさを実感し、医師を目指すことになる。

アメリカのロックフェラー医学研究所を拠点に世界で活躍し、三度もノーベル医学賞候補にあがったが、受賞することはなかった。昭和三年、西アフリカのアクラ（現在のガーナ共和国の首都）で黄熱病の研究中、自らも感染し、五十一歳の生涯を閉じた。

英世が生まれてから上京するまでの十九年間を過ごした生家は、築二百年の現在も、場所も大きさも当時のままに保存されている。火傷を負った囲炉裏もそのまま残り、また上京前の英世が床柱に刻んだ決意文『志を得ざれば再び此地を踏まず』の一文も残っている。

住所　猪苗代町大字三ツ和字前田81

入館料　大人800円、小中学生400円

入館時間　9時～17時半（冬季は16時半）

休館日　年末年始

ノスタルジック商店街

七日《なぬか》町《まち》通り（会津若松市七日町）

衰退した商店街を大正ロマン漂う魅力的な通りにリニューアル

七日町通りの名の由来は、ここで七のつく日に市が立っていたことから。歴史は古く、新潟方面へ続く越後街道、山形米沢へ向かう米沢街道、そして日光街道につながる重要な通りで、会津若松城下でも旅籠の数がもっとも多い通りとしてにぎわっていたという。

その後も繁栄は続き昭和三十年代頃までは会津一の繁華街だった。しかし人の移動手段が車へと移るにつれどんどん衰退が進み、一時はほとんどの店がシャッターを下ろした閑散とした通りになってしまった。

だが平成になって、地元の有志たちが「観光客を誘致して七日町ににぎわいを取り戻そう」という運動を開始。空き店舗を改装してレトロ風なデザインや町並みになじむ外観へと変え、古い建物をあえて見せることで貴重な時代遺産を生かしていく工夫をしていった。

現在は大正ロマンを感じさせる通りとして立派によみがえり、観光客だけでなく全国の商店街関係者からも注目を集めるスポットとなっている。

会津本郷《あいづほんごう》（大沼郡会津美里町）

東北最古の歴史を持つ
陶器・磁器両方を作る焼きものの町

会津本郷焼という焼きものをご存知だろうか。豊臣政権下で会津地方の領主となった蒲生氏郷《がもううじさと》が、文禄二（一五九三）年、播磨国から瓦工を呼んで鶴ヶ城の屋根瓦を焼かせたことから始まったと言われる、東北最古の焼きものである。

その後、江戸時代前期に、会津藩藩主の保科正之が焼きもの作りを保護し育成する方針を打ち出し、尾張国瀬戸から陶工の水野源左衛門が招かれた。水野は陶土（焼きものに合う土）を探して会津じゅうの土を調べ、本郷村でやっと理想的な陶土を見つける。そしてここ本郷に窯場を作り、本格的に陶器製造の基礎を築いた。

普通の焼きものの里なら、ここで始まりのエピソードは終わるところだが、本郷焼の場合は、これにまだ初めて物語が続く。

一八世紀の終わり頃、陶工の佐藤伊兵衛は藩命で白磁器の研究のため京都、尾張、美濃の磁器の産地を訪れる。だが、当時は白磁の作り方は各地で秘密にされており、佐藤は身分を隠して潜入し、苦労してその技術を体得する。そして会津に戻り、本郷村で産出される大久保陶石を使って磁器作りに成功した。

こうして会津本郷は、全国でも珍しい陶器・磁器の両方を作る場所になった。中には一つの製造元で両方の焼き物を作っているところもある。陶磁器の両方を作っているのは本郷焼の大きな特徴であり、今も本郷では水野を「陶祖」、佐藤を「磁祖」として崇めている。

旧会津本郷町は、平成二十七年に近隣の町村と合併して会津美里町となったが、ここ本郷エリアは、現在も古くからの焼きものの町としての雰囲気が色濃く残っている。会津本郷駅を下りて南へ約十五分ばかり歩くと、瀬戸町通りという大きな道路に出る。この通りの両側、および両側につながる細い路地沿いに、窯元が点在している。

明治の最盛期には窯元の数は百を超え、通り沿いに連なっていたそうだが、今は十三軒ほどになった。東北最古の登り窯が今も活躍している宗像窯、創業二七五年の老舗閑山窯、釉薬が熔けて流れる模様が美しい流紋焼、手描きの柿の模様がシンボルの酔月窯、白黒のモダンな器が女性に人気の樹ノ音《おと》工房などなど。

窯元の数は少なくなったが、逆にそれぞれの個性が際立ち、その点在の距離感もちょうど良い。古い町並みをのんびりと散策しながら、ふと現れる窯元の売店を覗いて歩くのは実に楽しい。もう一度、ゆっくりと訪れたい町である。

現在も稼働している宗像窯の登り窯。全長約20メートルある

川辺に並ぶ素焼きの器たち

会津
酔月焼
ようこそ本郷へ
窯元
会津
酔月

危険！
左右確認

すべて手作業で進められる流紋焼の工程

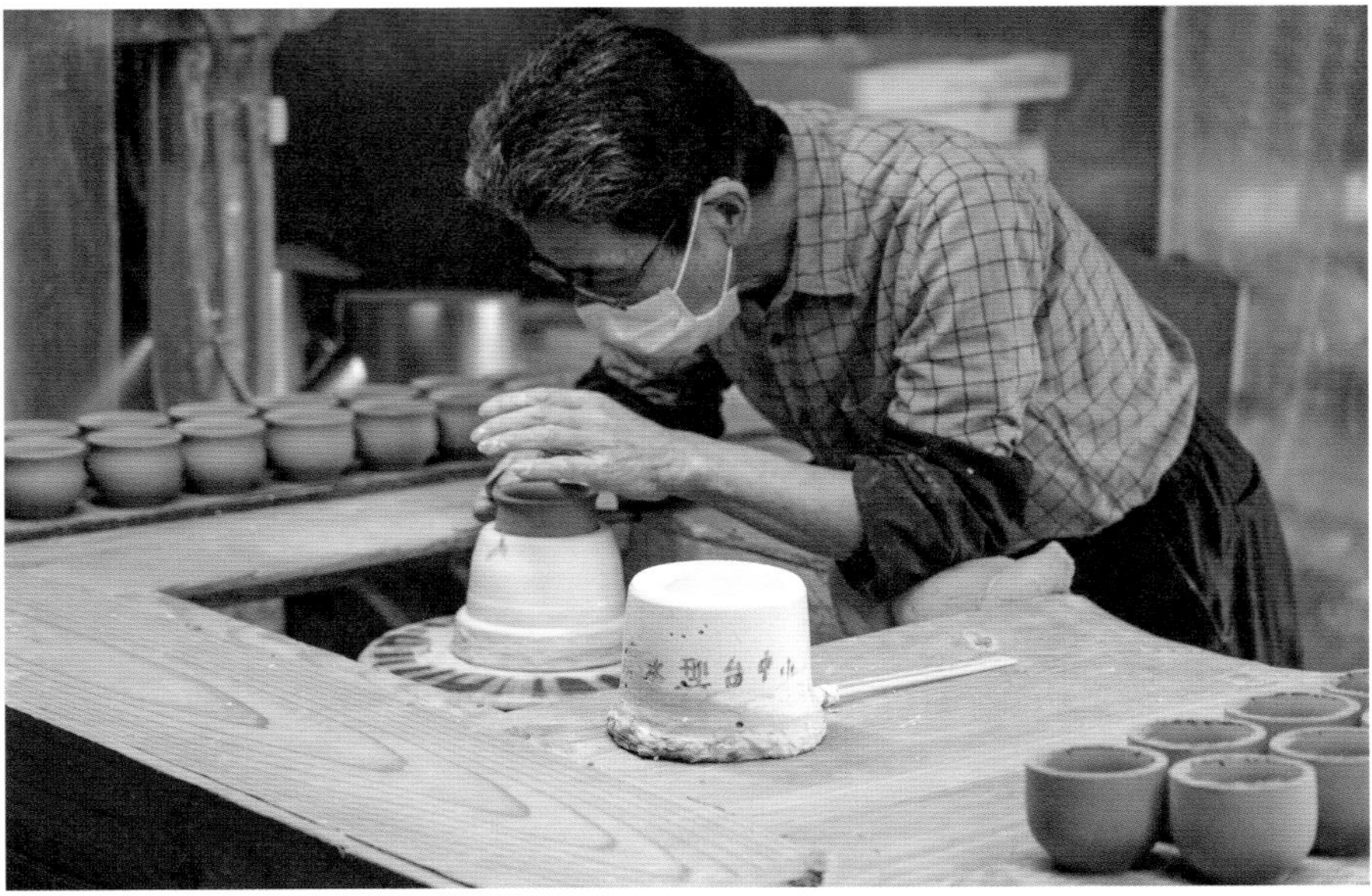

琉紋焼
うしさま
¥2200

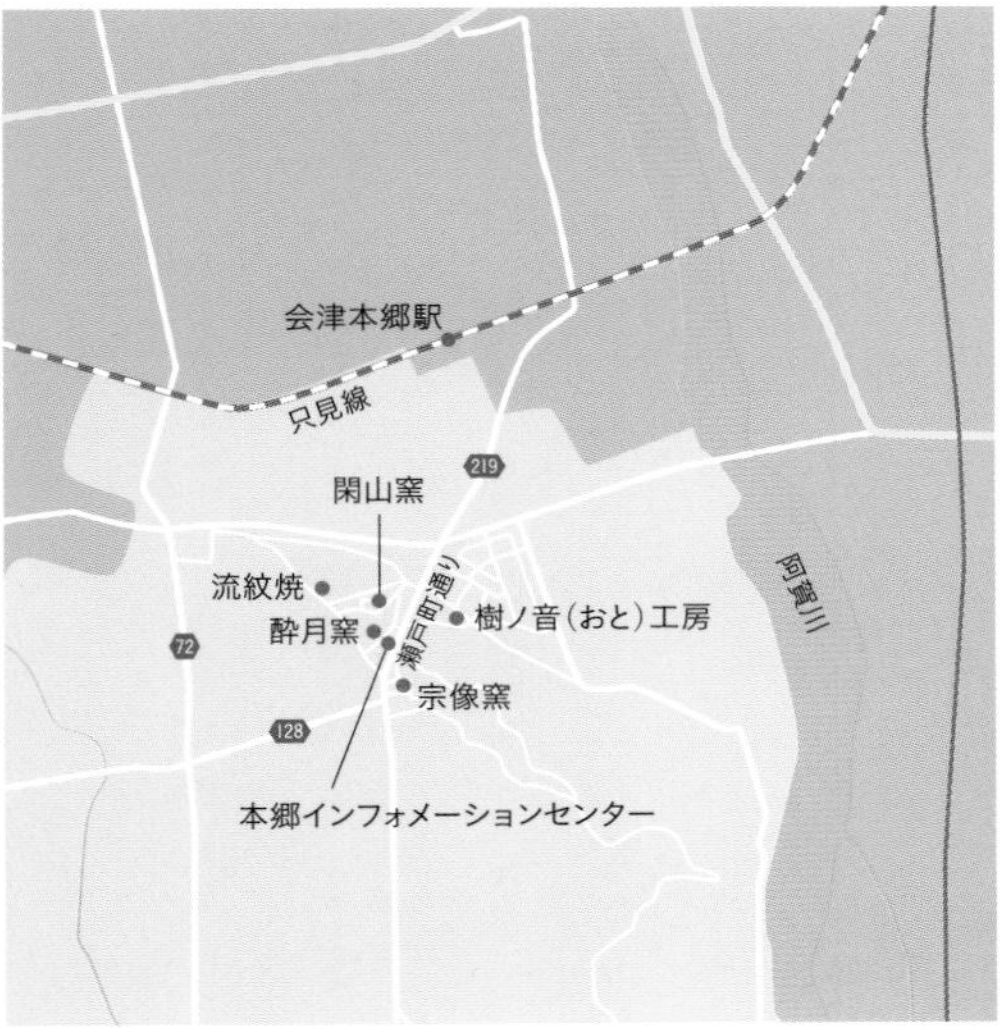

本郷インフォメーションセンター
住所：大沼郡会津美里町字瀬戸町甲3161-1
電話：0242-56-4882
営業時間：8:30～17:30
定休：火曜日（12/14～3/31まで）

★会津本郷への行き方
東北自動車道白河ICより車で約70分
JR只見線会津本郷駅より徒歩で約15分

祭

高田大俵引き（たかだおおだわらひき）

四百年を超える伝統を誇る会津美里の大俵引きは、地域の一年を占うといわれ、暮れの十二月、祭りの主役である「大俵」作りから始まる。本番は翌年一月。勇壮な男たちが赤と白に別れ、重さ三トンもある大俵を引きあう。赤が勝つと商売繁盛、白が勝つと五穀豊穣といわれるため、参加者は真剣そのもの。観衆が見守る中行われる綱引きは大迫力で、あたりは冬の会津の寒さも吹き飛ばすほどの熱気に包まれる。

開催時期　毎年1月の第二土曜
開催場所　会津美里町
写真提供：（一社）会津美里町観光協会

名画名作の舞台を訪ねて

『フラガール』（いわき市）

映画　李相日監督・二〇〇六年

炭鉱の町の危機を救った ハワイアンセンターの誕生秘話を映画化

昭和四十年、閉鎖の危機に瀕した福島県いわき市の常磐炭鉱の町を救うため、炭鉱で働く人々が起始回生のプロジェクトとして立ち上げた、常磐ハワイアンセンター（現在はスパリゾートハワイアンズ）の誕生から成功までの実話をもとに作られた映画。

プロデューサーが常磐ハワイアンセンター創設にまつわるドキュメンタリーをテレビで見て映画化を思いつき、構想から三年かけて制作に漕ぎつけたそうである。

素人の女の子たちが数カ月の厳しいレッスンでダンサーになっていった実話と同じように、主演の松雪泰子や蒼井優をはじめすべての出演者にダンス経験のない女優たちをキャスティングし、全員が一からダンスのレッスンを受けた。彼女たちは撮影に入る前の数カ月、毎日一日六～八時間も練習したという。

クライマックスのフラダンスショーのシーンは、実際にスパリゾートハワイアンズにセットを作って撮影された。

この映画、当初はあまり注目されていなかったが、公開後、口コミで評判を呼び、最終的に興行収入十五億円を超える大ヒットとなった。第八十回キネマ旬報ベストテン第一位、日本アカデミー賞最優秀作品賞など数多くの賞を受賞している。

東京から呼ばれた主人公のダンサー、平山まどか（松雪）が炭鉱の町にやってきた時、車に酔って飛び出し、橋から吐くシーンの撮影場所。いわき市の「進運橋」。車一台分の幅しかなく、映画で見るよりかなり狭い印象を受けた

映画の舞台となった常磐ハワイアンセンター(現スパリゾートハワイアンズ)。東京ドーム6個分の敷地を持つ全天候型の施設で、一年中常夏気分で楽しめる。現在もフラダンスショーが行われている
写真提供：スパリゾートハワイアンズ

昭《しょう》和《わ》村《むら》（大沼郡昭和村）

自然美、高級織物、木造校舎、魅力満載の昭和村へ

昭和村は会津地方の南西部に位置し、只見川の支流である野尻川の段丘に沿って集落が点在している。周囲を広大な湿原や美しい渓谷に囲まれた、自然美の宝庫だ。昭和二年に野尻村と大芦村が合併して一つの村になったことから、昭和村と名付けられた。人口は千二百人に満たず、福島県で二番目に高齢化率が高い村でもある。

どこまでも広がるのどかな田園と、赤いトタンを被せた茅葺き屋根の農家群を眺めているだけでも十分に心癒される風景なのだが、ここは「からむし織」という伝統的な織物の里として、知る人ぞ知る村でもある。「からむし」とは、苧麻《ちょま》とも呼ばれるイラクサ科の多年草で、上布用の原材料として昔から昭和村で栽培されている植物。その繊維で織る「からむし織」は昔からこの地で守り伝えられてきた技法で、織り上がった布は非常に軽くて丈夫で、その涼しくつるりとした着心地は「まるで氷を纏ったよう」と表現されるとか。昭和村で採れたからむしは、村の「からむし織」のほか、

国の重要文化財である最上級の織物「越後上布」「小千谷織」の原料にも使われているという。

ここでは、畑づくりからからむしの栽培、刈り取り、茎の外側の表皮を削いで中の繊維を取り出す「からむし引き」、糸作り、機織りまで一貫して手作業で生産する。からむしは成長すると人の背丈ほどになり、細く真っ直ぐに伸びる。熟練者の手で引かれたからむしは真珠のように白く美しい光沢があり、村ではこれを「キラ」と呼んでいる。からむし織に従事する女性たちを村では「織姫」と呼ぶが、織姫は村内だけでなく日本各地から来村して村で生活しながら学び、この伝統技術を全国に伝えている。

「道の駅からむし織の里しょうわ」では織姫さんによるこの実演が見られ、また希望者は、からむし織の体験レッスンも受けられる。店内でスカーフや帽子、着物なども販売

しているが、なかなかのお値段で、筆者はその肌触りの良さと着け心地だけを十分に味わわせていただいた。

　ところで、昭和村にはもう一つ、村の自慢がある。昭和十二年に建築された二階建ての木造校舎「喰丸小学校」だ。昭和五十五年の廃校から幾度もの解体危機を乗り越え、平成三十年に村の交流観光拠点施設「喰丸小」として生まれ変わった。その経緯がなかなか興味深い。

　廃校の後、不要になった校舎にまず最初の解体の危機が訪れた。だが平成四年、文化人類学者の故山口昌男氏が「田舎からの文化情報発信基地」としてこの校舎を「喰丸文化再学習センター」と名付け、十四年間利用した。この後、二度目の解体話が持ち上がったが、これを救ったのは西島秀俊・倍賞千恵子主演の映画『ハーメルン』である。映画監督の坪川拓史がこの木造校舎に惚れ込み、ここで撮影を行った。

　撮影終了後、またしても解体が予定されたが、映画が公開されるまで取り壊しは一旦保留に。その間、地元の人々の間で取り壊し中止を求める署名運動が始まり、映画公開後の平成二十七年、村はついに喰丸小を保存することを決定した。

　こうして何度も危機を乗り越え、村と村民にとっての誇り、象徴ともなったこの施設を、人々はとても大切にしている。『ハーメルン』では、施設としての改修がなされる前の、ボロボロだが懐かしい校舎の姿が映し出されている。ここを訪れる前に映画を一度見ていただくと、喰丸小と昭和村の魅力は倍増するので、ぜひお勧めしたい。

築80年の木造校舎「旧喰丸小学校」。今は交流・観光拠点施設として利用されている

木製の机と教科書が
今も残されている

「道の駅からむし織の里しょうわ」では、からむし織を実演販売している

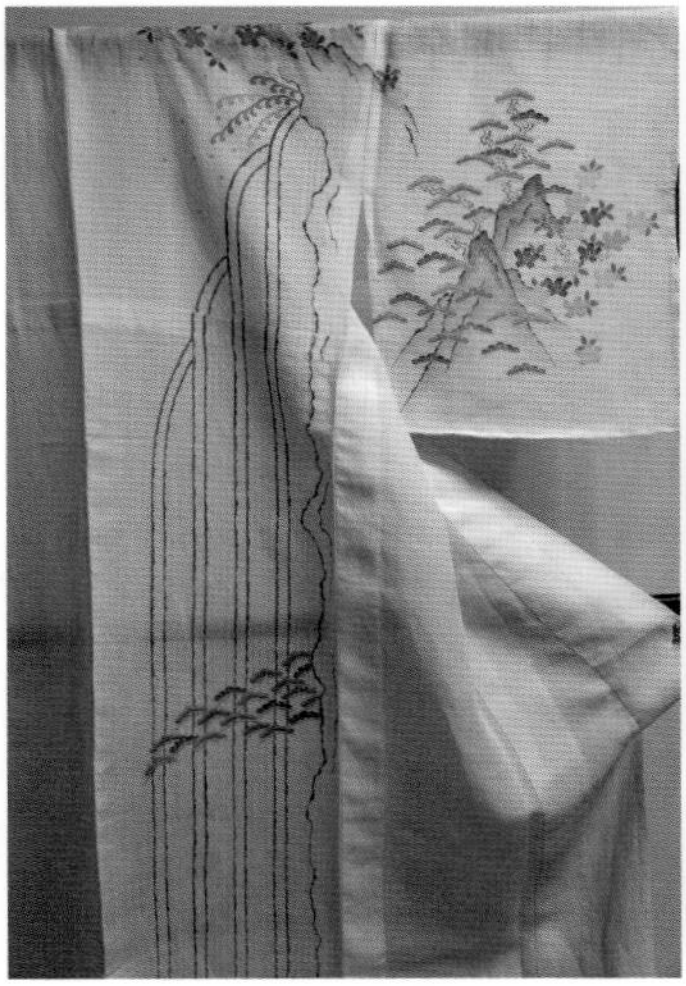

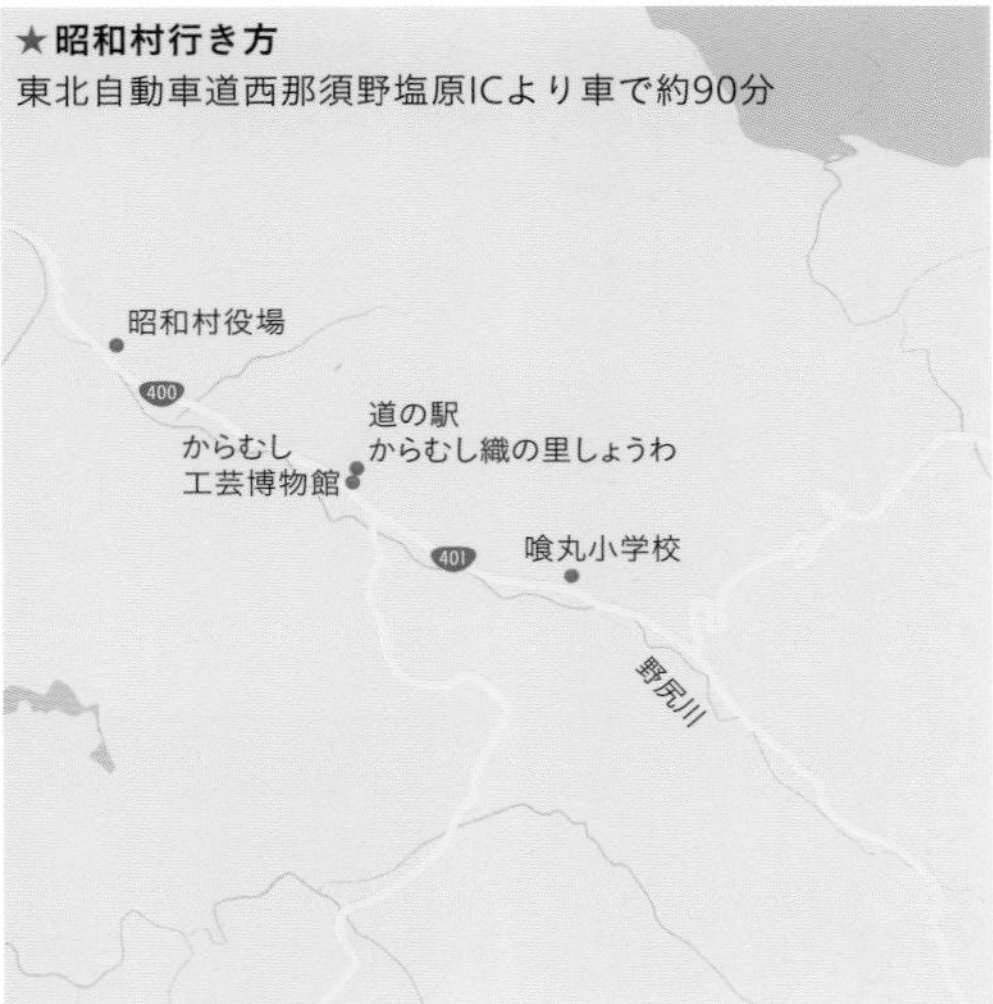

からむし工芸博物館
住所：大沼郡昭和村大字佐倉字上ノ原1　道の駅からむし織の里しょうわ構内
電話：0241-58-1677
開館時間：9:00〜17:00（入館は16:30まで）
定休：無休、12/1〜3/31は不定休
入館料：高校生以上300円、小・中学生150円（団体割引あり）

おすすめランチ

●煮込みかつ丼

まるで民家のような佇まいを持ち、昭和村で長く愛されているやまか食堂。まさに昭和の食堂といった趣で、いつも常連さんでにぎわっている。肉厚のカツとたっぷりの玉ねぎでボリューム満点の煮込みかつ丼は、ソースカツ丼と並ぶ看板メニューだ。

「やまか食堂」
昭和村下中津川字中島1618

水《みず》引《ひき》集落（南会津町水引）

山奥にひっそりと残された、素朴な茅葺きの隠れ里

南会津町水引は、会津地方の南部、栃木との県境に近い、水引川沿いの最も奥地にある山村である。標高約八百メートル、冬は二メートルもの雪が積もる豪雪地帯だ。水引という名の由来は、昔からここにあった「山神社」の下にある湧水に魅せられた猟師三人が、十五世紀半ば、ここを永住の地と決めたことから、と言われている。

集落の入り口には沢が流れていて、そこにかかる小さな橋を渡ると、目の前が水引集落。深い緑の木々とのどかな田園風景の中に、ポツポツと素朴な茅葺き屋根が見えてくる。まるでおとぎ話の世界のような懐かしい風景だ。

集落に入る前に、橋を渡ってすぐ右の小道を行くと、「山神社」の赤い鳥居があり、その下に集落名の由来となった「水引の清水」がある。水を貯める石がめの縁にコップが置いてあり、観光客も水を飲むことができる。非常に柔らかい滑らかな味で、集落の人々は昔からこの水を飲み水や生活用水として使ってきた。

案内板によれば、集落は元禄九年には九戸、明治時代には十四戸だった。明治十九年と二十九年の二度にわたり全村が焼失する大火があり、その後、越後大工によって現在の茅葺き家屋が建てられたという。一時は三十戸を超えていたが、今残っているのはわずか七軒。そのうち六軒は秋田、山形、新潟、福島に分布する「中門形式」通称「曲家《まがりや》」と呼ばれる雪国ならではの建築様式。農作業に欠かせない馬と人とが一つ屋根の下に暮らす家だ。

南会津町は、旧名舘岩村。ここには、曲家集落で重要伝統的建築物群に指定されている前沢集落がある。舘岩村には昔からいくつも茅葺きの里があったが今はほとんど姿を消している。水引集落はそんな中にあって、かなり大規模な茅葺き民家の密集した農村集落だ。しかも家屋が実によく手入れされていて、村じゅうが美しく活気があり、廃村の気配など微塵も感じられない。前沢集落と違って観光的な宣伝活動は全くされていないため、ほとんど観光客も訪れず、のんびりと集落内を散策できる。と思って歩いていると、所々に控えめな「散策順路」の立て札が。確かにこの順路に沿って歩くと、集落内の絶景ともいうべき素晴らしい眺めに出会える。初めて訪れた者にとってはありがたい心配りだ。

広い集落に二十数軒の農家だから、野っ原も広く、どの家もかなり大きな庭と畑に囲まれている。野良仕事をしながら、私たちを見るとみな親しげに挨拶してくれた。住民の平均年齢は七十歳を超えているとのこと。一日も永い存続を心から願うばかりだ。

田園の中に今も茅葺き屋根の曲家が並ぶ

集落の入口の沢にかかる小さな橋

集落の名の由来となった清水。今も大切に残されている

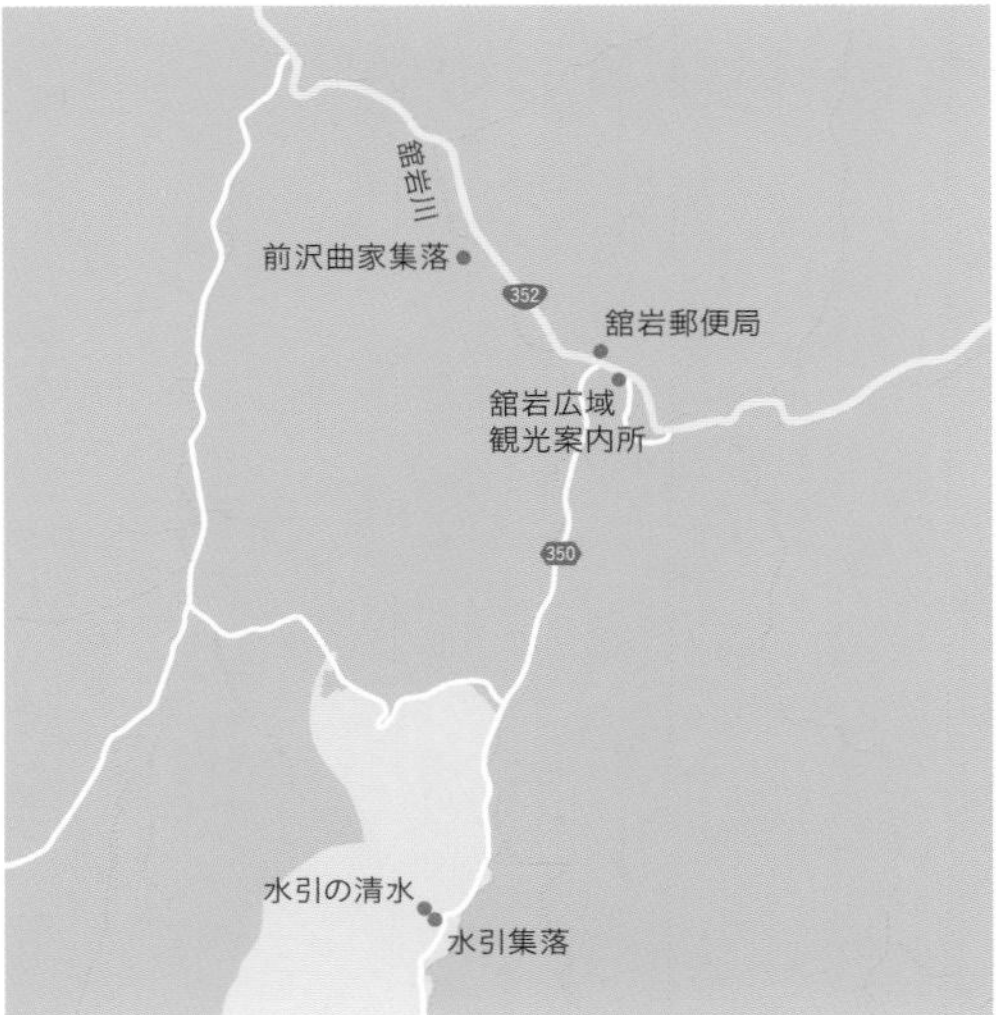

舘岩広域観光案内所
住所：南会津郡南会津町松戸原156
電話：0241-78-2075
営業時間：8:30〜17:00
定休：無休、冬季のみ火曜日定休（祝日の場合は翌日）

★水引集落行き方
東北自動車道西那須野塩原ICより車で約70分

わが町自慢の
市場食堂

市場食堂（郡山市大槻町向原１１４）

市場内ならではの新鮮な食材をリーズナブルに

郡山市総合地方卸売市場の中にある市場食堂は、元々は市場関係者のための食堂だが、一般客にも解放している。市場だけあって新鮮な魚介類、野菜、果物を中心としたメニューが豊富で、しかも安価。駐車場も広く、朝早くから営業しているため、〝知る人ぞ知る〟穴場スポットといえる。社員食堂に潜入しているかのようなワクワク感も味わえる。

海産物をふんだんに使ったこだわり海鮮丼、生まぐろジャンボ串揚げ定食、旬の魚が味わえる日替わり刺身定食などの他、早めに行かないと売り切れ必至のおまかせ定食がおすすめだ。

営業時間　6時～14時30分
営業日は郡山市総合地方卸売市場と同じ

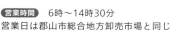

重要伝統的建造物群保存地区

喜多方市小《お》田《た》付《づき》（武家町）

平成30年8月17日選定

「蔵のまち」として知られる喜多方は、戦国時代には芦名氏の支配下にあった。重伝建に指定された小田付一帯は、その芦名氏の家臣である佐瀬大和が町割りを行ったといわれている。それから定期的に市場が開かれるようになり町は発展していった。その後、伊達政宗、蒲生氏郷と支配が変わっても、阿賀川舟運と越後裏街道を有する小田付は重要な交流拠点として栄え続けた。

江戸時代以降は酒造、醸造業も盛んになり、特徴的な町並みが形成されていった。その頃の名残が今もよく残されており、現在は町並み保存と整備を継続しつつ、蔵を利用したイベントなども盛んに行われている。

重要伝統的建造物群保存地区

下郷町大内宿《おおうちじゅく》（宿場町）

昭和56年4月18日選定

江戸時代、会津若松の城下と日光今市を結ぶ重要な街道の宿駅として栄えた大内宿は、日本有数の「茅葺民家のある風景」を今に伝える町並みとして知られている。江戸から明治にかけての住居が整然と立ち並び、まるでタイムスリップしてしまったかのようにさえ感じるその家並みは、早くから「売らない、貸さない、壊さない」の三原則を守り景観保存に取り組んできた活動の賜物といえる。

それぞれの建物は現在も民家であると同時にほとんどが茶屋や土産物屋、飲食店を経営しており、生活と観光、保存が絶妙なバランスで成り立っている。

重要伝統的建造物群保存地区

南会津町前沢《まえさわ》（山村集落）

平成23年6月20日選定

　前沢集落は、戦国時代末期に横田城主山内氏勝の家臣が移り住んだことにはじまったといわれている。明治四十年の大火でほぼ全ての建物を消失してしまうが、その後わずか一年の間に南会津や越後の大工が立て直し、一斉に茅葺の集落が蘇ることになる。奇しくもこの出来事が、統一感のある家並みが今に残る要因になった。

　家屋は曲家が多いのが特徴で、これはかつて家族同然に大切に扱われた農耕馬と人が一緒に生活するための構造だ。農村の原風景ともいうべき集落は、ほとんどが現在も生活を続けている民家のため、徒歩による道沿いからの見学のみとなっている。

ふるさと再発見の旅　東北

2022年10月13日 第1刷発行

撮影　清永安雄
原稿　志摩千歳（青森・福島）
佐々木勇志（岩手・秋田・宮城・山形）
編集　及川健智
地図作成　山本祥子
デザイン　松田行正・杉本聖士（マツダオフィス）

発行　株式会社産業編集センター
〒112-0011
東京都文京区千石四丁目39番17号
TEL 03-5395-6133　FAX 03-5395-5320
https://www.shc.co.jp/book/

印刷・製本　株式会社シナノパブリッシングプレス

ISBN978-4-86311-345-9 C0026
Printed in Japan